何香凝故事

HEXIANGNING GUSHI

方文良　余德富◎著

SPM
南方出版传媒
广东人民出版社
·广州·

图书在版编目（CIP）数据

何香凝故事/方文良，余德富著. —广州：广东人民出版社，2013.12（2019.5重印）
ISBN 978-7-218-09075-7

Ⅰ.①何…　Ⅱ.①方…②余…　Ⅲ.①何香凝（1878—1972）—生平事迹　Ⅳ.①K827=7

中国版本图书馆CIP数据核字（2013）第244313号

HEXIANGNING GUSHI

何香凝故事

方文良　余德富　著

出 版 人： 肖风华

出版策划： 卢家明
责任编辑： 钟　菱　余建清　王　鹏
装帧设计： 友间文化
责任技编： 周　杰　吴彦斌

出版发行： 广东人民出版社
地　　址： 广州市海珠区新港西路204号2号楼（邮政编码：510300）
电　　话：（020）85716809（总编室）
传　　真：（020）85716872
网　　址： http://www. gdpph. com
印　　刷： 天津画中画印刷有限公司
书　　号： ISBN 978-7-218-09075-7
开　　本： 787毫米×1092毫米　1/16
印　　张： 16.25　**插　页：** 6　**字　数：** 192千
印　　数： 1-10000
版　　次： 2013年12月第1版　2019年5月第2次印刷
定　　价： 40.00元

售书热线：（020-85716826）

作者方文良（左）、余德富在研究书稿

作者简介

方文良，1948年生，广东惠阳人。长期在中学从教，高级教师。曾在惠州市仲恺中学任校长十年，《中学时代》周报社长兼主编。退休后仍任惠州市仲恺区主任督学、惠州市廖仲恺何香凝研究会副会长。主要著作有《廖仲恺遇难记》《廖仲恺故事》（与余德富合作）；还主编过多种地方性文学书刊。

余德富，1941年生，广东台山人。长期在高校从事文秘、文史工作，致力于廖仲恺何香凝研究，是廖仲恺何香凝纪念馆创始馆员、广东省作家协会会员、惠州市廖仲恺何香凝研究会顾问。出版著作有《双清传略》《仲恺学校简史》《情系双清》《廖仲恺故事》（与方文良合作）等书籍；主编或参编《岁月流徽》《纪念廖仲恺何香凝》《廖仲恺何香凝研究》等图文集；发表过学术论文、纪念文章30多篇。

内容提要

《何香凝故事》是《廖仲恺故事》的“夫妻篇”。作者精选史学界已公开发表的史料和作者最新调研整理的“活材料”，按历史脉络顺序，以纪实文学的形式，概述一代女杰何香凝坎坷曲折而又充满传奇色彩的人生历程。何香凝94岁的一生跨越晚清、中华民国、新中国三个历史时期，她由一位富家千金小姐走上民主革命的道路，爱国爱民，为革命建功立业。毛泽东赞扬她“苦斗不屈，为中华民族树立模范”。本书对她如何从千金小姐成长为我国近代妇女运动先驱、坚定的民主革命家、中国国民党革命派光辉旗帜、中国共产党真挚的朋友和杰出的美术家进行如实记述；对她爱国、革命、与时俱进的伟大精神，以及富贵不淫、贫贱不移、威武不屈的高尚品德进行热情讴歌；对她外柔内刚、爱憎分明、耿直坚贞、敢怒敢言的性格进行细致描写。全书33章，共约16万字，插图60多幅，图文并茂，可读性强，适合景仰何香凝的各界人士尤其是青少年读者阅读与收藏。

虎

1910年，何香凝落款“棉村女士”的虎画

狮

1914 年，何香凝画的狮画

梅花水仙

1935 年，何香凝画的梅花水仙并题诗：

一树梅花伴水仙，北风强烈态依然。冰霜雪压心犹壮，战胜寒冬骨更坚。

山水

1956 年，何香凝画的山水画，董必武为之题诗：

眼观山水形，手写山水神。形神皆逼肖，山水若留真。

高松图

1961 年，何香凝为庆祝中国共产党成立 40 周年而作。陈毅为之题诗：

高松立海隅，梅菊为之护。幽兰亦间出，清泉石中漱。
绿竹更悠久，岁寒挺如故。画树重高洁，画花喜独步。
大师摄其神，一纸皆留住。绘画如其人，方向毫不误。
画高寿亦高，但祝两繁富。

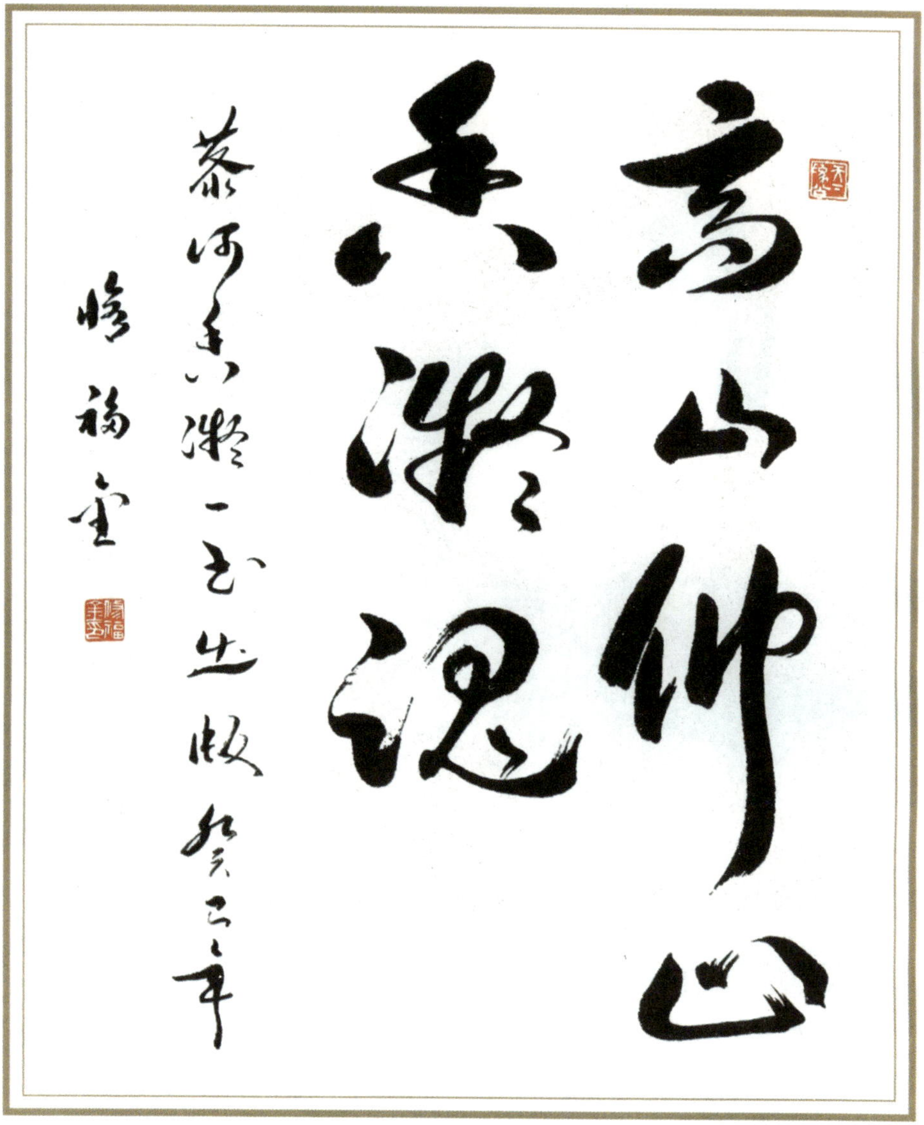

中国国民党革命委员会中央委员会副主席、全国人大常委、中国书法家协会会员修福金　题

序　一

在中国近代史上，廖仲恺与何香凝这一对革命伴侣，共同为祖国的独立、富强奋斗了终生。他们二人的功业、思想和道德相互辉映，始终值得我们后人景仰和缅怀。2012年是廖仲恺先生诞辰135周年，该年暑期我刚到仲恺农业工程学院任职不久，学院董事会办公室原副主任余德富同志就赠我一册他与惠州市仲恺中学原校长方文良同志共同撰写的《廖仲恺故事》，阅后收获良多。今年是何香凝先生诞辰135周年，余德富与方文良两位同志又共同撰写出《何香凝故事》。我仔细地阅读了书稿，对何香凝先生的景仰之情更加浓重。

何香凝先生在长达近一个世纪的人生历程中，经历了清末、民国和共和国三个历史时期，跨越了两个世纪，其一生的革命功业，不仅表现在与廖仲恺先生共同追随孙中山先生成为三民主义的忠实信徒和资产阶级民主革命时期著名的政治活动家、国民党左派光辉旗帜，同时还表现在以中国共产党的挚友、中国国民党革命委员会的主要组织者和领导人之一的身份，积极参与新中国的创立。在新中国成立后的20多年中，何香凝先生团结爱国民主人士、爱国华侨和妇女界同胞、美术界同仁等各界人士积极参加社会主义革命和建设事业，由此而成为民主革命中寻求社会主义道路的先驱者和同中国共产党肝胆相照、真诚合作的典范。诚如著名历史学大家尚明轩先生在其主编的《双清文集》的自序中对廖、何这两位“双清主人”评价的，“他们的败不馁、胜不骄，临龙潭而不惧，出淤泥而不染，威武不能屈，富贵不能淫，贫贱不能移，鞠躬尽瘁、死而后已”的品质和精神，更为国人所称道、学习和发扬。

2012年7月，中国国民党革命委员会中央在广州召开了“何香凝生平事迹研讨会暨民革前辈纪念场馆联谊会第一次年会”。会议期间，民革中央副主席修福金同志、民革广东省委会主委周天鸿同志和与会全体代表来我校举行了隆重的“廖仲恺何香凝纪念馆”作为民革党史教育基地的挂牌仪式。之后，我和仲恺农业工程学院的其他领导陪同修福金同志等瞻仰了纪念馆，共同缅怀廖仲恺何香凝的革命功业。这次又欣闻修福金副主席特为《何香凝故事》封面题签并题词“高山仰止香凝魂”，由此可以看出当代民革中央领导人对何香凝先生非常尊敬和景仰。

这里还想说的是，何香凝先生不仅是著名的革命家和国务活动家，同时还是我们仲恺农业工程学院（前身为仲恺农工学校）的创始人，她担任校长长达15年之久。在长期的办学实践中，何香凝先生形成了独特的办学思想。具体而言：一是扶助农工的办学理念；二是“冀养成有真实学识之实业人才，供国家建设之用”的办学定位；三是“不徒鹜高深学理而注重实验”的办学特色；四是务求完密的教学管理理念。从这个层面上讲，她又是一位卓越的教育家，同样值得我辈景仰和学习。这是今年6月27日在举行纪念何香凝诞辰135周年活动时，我接受《广州日报》记者采访时所讲的一段话。我以为何香凝校长的办学思想仍有深远的历史意义和极为重要的现实价值，是值得我们好好研究、传承和发扬的。

何香凝先生被毛泽东同志赞誉为“苦斗不屈，为中华民族树立模范”。她不愧为20世纪中华民族的杰出女性，其一生94年的岁月，历经艰难坎坷、巨浪狂澜，但她凭借着自小养成的反抗精神、坚强的革命意志以及沉着、冷静、淡定、优雅和高贵，应对各种复杂的政治斗争，经受了一次次风险和考验，其卓越丰富的人生阅历和杰出的政治智慧赢得了千百万中华儿女的认可、称赞和由衷的敬仰。她的革命功业、伟大

思想和高尚品格在《何香凝故事》中有较详细而生动的记述和热情的讴歌。我认为，《何香凝故事》是一本宣传何香凝先生业绩、弘扬爱国思想的优秀读物。两位作者都是已退休多年的教育工作者，如此钟情于廖仲恺何香凝两位先辈的宣传，其精神着实难能可贵。他们嘱我作序，我怀着对先辈的无限景仰之情，欣然命笔，写下上述文字。是为序。

骆少明

2013年8月于仲恺校园

（骆少明，原仲恺农业工程学院院长、教授、博士，现任广东技术师范大学校长。）

序　二

在中国近代史上，何香凝先生和她的丈夫廖仲恺，犹如两颗璀璨的明星，光耀中华。其革命功业、爱国思想和高尚情操，令后人肃然起敬。

何香凝的革命功业，不仅表现在辛亥革命时期所起的重大作用以及随后在国共两党第一次和第二次合作中做出的重要贡献，还表现在参与抗日救亡、反内战、争民主、缔造新中国和建设社会主义的过程中，坚持与共产党人合作，接受中国共产党领导。她为民主党派人士做出模范表率，并为祖国统一大业、振兴中华贡献毕生精力。

何香凝爱国思想强烈，她在跨两个世纪，经历过清朝、中华民国、新中国三个历史时期的一生中，始终以“国家兴亡，匹夫有责”自勉，做到爱国爱民，与祖国同呼吸共命运。当日本人侵略中国，中华民族面临危亡的严峻时刻，她从海外归来，共赴国难，投身长达14年的抗日救亡洪流中；当抗战胜利后，内战烽火四起民不聊生之时，她痛心疾首，奔走呼号，反内战，反独裁，积极参与缔造和平民主的新中国，处处为祖国的和平安定、人民的安居乐业着想。其爱国爱民的激情贯串她传奇而绚丽的一生。

何香凝的高尚情操，表现在她富贵不淫、贫贱不移、威武不屈、廉洁奉公。本是富商之家“千金小姐”的她，为推翻腐败无能的清朝政府，毅然放弃安逸生活，用钱支持丈夫和孙中山，并共同投身艰苦而危险的反清斗争。在革命进程中，她经过逃难、流亡、贫穷，但革命矢志不移，甚至摈弃高官厚俸，宁愿饿死，也不用蒋介石送来的“人间造孽钱”。她在革命的紧要关头，不顾个人安危，大义凛然，仗义执言，威武不屈。当陈炯明叛变孙中山，囚禁廖仲恺之时，她怒斥陈炯明，智勇双全营救廖仲恺；当蒋介石反共、消极抗日之时，她不畏强权，一身正气，大骂蒋介石，成为当面责骂蒋介石最多的人。

何香凝是新中国第一代国家领导人之一，她始终廉洁奉公，也不照顾任何亲属，出门轻车简从，早餐常常是广东人习惯的“油条白粥”。她高尚的品德和革命情操，堪称一代楷模，值得我们敬仰和学习。

何香凝先生是中国近代妇女运动的先驱、卓越的民主革命家、伟大的爱国主义者、中国国民党左派的光辉旗帜、中国共产党的挚友，还是杰出的美术家、教育家，深受国民的景仰。早在1936年，毛泽东曾亲笔写信给何香凝，表达了这样的心声：“先生一流人，继承孙（中山）先生传统，苦斗不屈，为中华民族树立模范。景仰兴奋者有全国民众，不独泽东等少数人而已。”

何香凝祖籍广东南海棉村。由于地缘关系，何香凝故乡棉村在1958年划归广州市辖地，今属荔湾区中南街。今年是何香凝先生诞辰135周年，荔湾区教育局、何香凝纪念学校和中南街都分别举行纪念何香凝先生的系列活动，其中，中南街还把组织编著出版《何香凝故事》列入系列活动之一。这是精神文明建设的一件大好事。

《何香凝故事》按历史脉络顺序，以纪实文学的形式，概述一代女杰何香凝坎坷曲折而又充满传奇色彩的人生历程。两位作者均是已退休的教育工作者、廖仲恺何香凝研究会成员，曾经出版多本有关廖、何的著作。他们怀着对何香凝先生无限景仰之情，如今又写出《何香凝故事》的书稿，其精神着实难能可贵。我作为何香凝故乡的人民公仆，同

全国人民一样，景仰何香凝先生，倍感宣传何香凝的革命功业和爱国思想、弘扬何香凝精神的责任重大，思考着如何通过纪念先贤，把何香凝故乡的精神文明建设和经济建设搞得更好。

今承《何香凝故事》作者和中南街同志的好意，谨此写下以上文字，权当序言。

李 黎

2013年8月

（李黎，中共广州市荔湾区委常委、宣传部长）

目录 CONTENTS

一、神坛暗藏小剪刀

1878年6月27日（清光绪四年农历五月二十七日），香港。车水马龙、店铺林立的上环荷里活（HOLLY WOOD）道东街31号公馆里，馆主的第九个小孩哇哇地喊叫着来到人间。这是个女娃，可问世的喊叫声比男娃还响亮而有力。她就是本书的主人公——何香凝。初名谏，又名瑞谏。

何香凝父亲名载，字炳桓，祖籍广东南海县花棣乡棉村（棉村于1958年划入广州郊区，今属荔湾区中南街）。棉村，因高大挺拔的木棉树而得名。木棉，古称史候花，又名攀枝花。它身高数丈，铁干铜枝，刚健坚挺。每年初春，满树枝头绽放着六瓣向上、包裹着金黄花蕊的大红花，放眼望去，酷似一团团燃烧的火焰，鲜艳夺目，映红半边天。木棉有“争强好胜”的性格，不管旁边长着多“牛气”的树，甚至大榕树、樟树，它也“当仁不让”，倔强地探出个头，鸟瞰“群雄”。为此，人们给它个美誉：英雄树。木棉树环抱下的棉村，是著名的岭南花卉之乡。何载的祖辈世世代代生活在棉村，以种花为业。何载的父亲后到著名的古镇佛山经商，再辗转到澳门、香港。何载也随父离开棉村外出生活。如今，棉村只留下何家祖屋遗址了。

年轻的何载聪明能干，机敏灵活，父亲让他在建埠不久的香港开设了一间小杂货店。他专心经营，热诚待客，生意日盛，货如轮转，随之积累了一点资本。不久，他发现经营中药、茶叶更有利可图，便先后开设了“祥发生”中药铺和“祥安”茶叶行，并附设制茶工厂，生意越做

何香凝故乡棉村1982年外貌。村中有何香凝祖屋遗址。

越大。就这样，何载由一个小商贩打拼成一位拥有较雄厚资金、在香港生意场上小有名气的“富商”了。

香港，位于珠江口外的一个海岛，包括附近的小岛在内，总面积也只不过1100多平方公里，但它自古以来就是中国的神圣领土。然而，第一次鸦片战争清廷战败后，1841年1月英国侵略者即将香港武装占据。非但如此，昏庸衰落的清政府还于次年的8月29日（清道光二十二年七月二十四日）同英国侵略者签订了丧权辱国的《南京条约》，把香港“正式”割让给英国。从此，香港沦为英国殖民地。可是贪婪成性的侵略者于1860年又进一步胁迫清政府签订《中英北京条约》，再强占去港岛对岸的九龙司地方（即九龙半岛界限街以南大片土地）。

香港、九龙司被侵占后，英国殖民主义者便以卑鄙手段没收、吞并大片土地。开始，当地的地价还比较便宜，不久，由于地处海边，又近珠江口，内河航运、海运都极其方便，致使商业逐步繁荣，经济逐渐发展，人口不断增加，地价也就日渐高涨。一些“炒地皮”的商人大做辗转买卖土地的生意，发了横财。而港英政府的一些官员也趁机购置土地建房屋，然后高价出租或转卖，财源滚滚，私囊暴涨。

当时，拥有一定资金的何载，也开始兼做“炒地皮”的营生。他瞅准时机，不断买进便宜的土地，先建小房小舍，迅速卖出，再建大房大宅，再卖出，赚取更大资金后，再购进大幅土地建楼房。如此循环往复，日积月累，竟然发展成为拥有百万身家的大地产商了。此时，何载在香港拥有数间大商店，众多房产，而且其中相当多的房产集中在当时最繁华的地区。他在荷里活道建的公馆，宽阔豪华。他还拥有几房太

何香凝出生地香港上环街道19世纪末的景象。（许锡挥供图）

太，众多仆婢，加上如云亲朋，家中日常开饭人数就多达五六十位。如今，九小姐何香凝的诞生，更让何公馆喜气洋洋，热闹非凡。

何香凝的生母陈氏，名陈二，原为贫穷人家女儿，为生计，在香港一户殷实人家做长年女佣，广东人称之为“住年妹”。早年，她经常到何载的店铺为主家买日用品，一来二往，与何载相识日深。陈二长得眉清目秀，且聪明伶俐，性格温厚淳善，办事勤快利索，是一位讨人喜欢的“大脚”姑娘。陈二本是何载的正妻，但何载的年迈双亲却嫌儿媳“大脚”而心存不悦。老头子认为儿子未经父母之命，就和一个寒门女“住年妹”私订终身，有辱门面；老太婆则抱怨儿子娶了个“大脚妹”，而大脚婆娘是不适宜当大户人家的正室太太的。也就因为这些理由，在何载和陈二结婚半年后，两个老人家就亲自做主，命儿子和一个有一双“三寸金莲”的缠足小姐举行婚礼，并把陈二贬为妾氏。但何载内心疼爱陈二，仍让陈二操持整个家庭。陈二勤勉淳朴，敬老爱幼，机敏干练，把家庭打理得井井有条，成为一呼百应的家庭主妇。

善良的陈二从自己遭受的痛苦中联想到女儿的未来，便坚持要给女儿缠足。头三个女儿都乖乖地被缠足了。现在，该轮到香凝女娃了。

何香凝七岁那年，母亲对她说：“女儿呀，该轮到你扎脚（广东人把缠足叫做扎脚）了。”

小香凝一听，心里一急，涨红了小圆脸，张着小嘴哇哇喊道：“我不扎，我不扎！去年，外婆家来的堂舅父说过，太平天国的女兵个个都是大脚姐姐，走路像飞一样，打仗像男人一样猛，我长大了也要当大脚女兵！”

母亲严肃地说：“傻女儿，你是我何家的千金小姐，那些太平天国的女兵是穷人家的女娃，你怎么能跟她们一样去打仗呢？而且，反对朝

廷的人，不论是官是兵，是男是女，被抓到了都要杀头的，千万别乱说啊！”

小香凝说：“我才不怕哩！我会爬树，爬得很高很高，他们抓不到我的。”

原来，确有此事。史料显示，何香凝外祖母家一个亲戚过去曾生活在太平天国的一个辖区，并在太平军中任过采购员一职，相当熟悉太平军里面的情况。他到香港探亲时，经常把自己的见闻当作故事讲给何家人听，童年的小香凝特别喜欢听“长毛”（太平军的别称）“造反”的故事，尤其对那些有一双天足、英姿飒爽征战沙场的太平军女兵更是佩服有加。她幼小的心灵里萌生了以太平军女兵为榜样的想法，憧憬着自己长大后也跟这些英勇的大姐姐一样：“大脚着草鞋，天足走天下。”于是，她讨厌缠足，反抗缠足。小香凝的抗争，让她的父母料想不及，不知如何是好。

情急之下，父亲只好来硬的：“不行！你是我何家的女儿，就必须懂规矩，必须缠足。何况你三个姐姐都扎成小脚了，你瑞谏也不能例外！”父亲语气斩钉截铁，一脸严肃，毫不退让。

大当家发话了，父命难违。第二天，母亲陈二就主持了为小香凝缠足的手术。陈二叫来几个奴婢，准备了热水、纱布、针线等，轻声对女儿说：“谏，听妈的话，不痛的，快来，先浸脚……”

“我说过了，不扎脚，就不扎！”说时迟，那时快，小香凝飞起右脚，一下就踢翻了热水盆，一溜烟跑出去了。众奴婢一惊，慌忙急起直追，几个人合力把个七岁的小女孩拽了回来，把她一双幼嫩的小脚按在重新盛满热水的盆中，丝毫不敢放手，生怕这个倔犟的小女孩又“撒野”。一位年长一点的女佣说：“小辣妹，浸泡了热水，可以软化小脚的骨头，等会扎起来就不会痛了。”小香凝的小脚被浸泡了一刻多钟，即被众奴婢按着，把四个小脚趾扭曲，再翻转到脚背上，然后用纱布紧紧地裹缠起来，白纱布缠了一圈又一圈，足有十几圈，再用针线密密实实地缝好。缠足手术终于完成，大家都松了一口气。陈二虽然心疼小香凝，但又语气坚决，鼓励女儿说：“这回好啦，一个月后就可拆线，到时候看吧，包你双脚长成一双美丽的小足，那叫‘三寸金莲’啊，乖女儿……”

翻看史书，我们都知道，缠足，是中国封建社会里女性被当作玩物而产生的摧残人性的野蛮、愚昧的产物。史书记载始于五代时期，始作俑者乃南唐后主李煜。据《十国春秋·南唐四·后传》，李煜于建隆二年（公元961年）以“宫人育娘纤丽善舞，后主作金莲高六尺，命育娘以帛缠足，令纤小屈上作新月状，舞莲花中，回旋有凌波之感。由是人皆效之”。此宫廷丑行，传入民间，至宋朝由理学先生倡导推行，妇女缠足之风大盛。尤其是汉族妇女，世代相沿不断。不少人以病态的小脚为美，认为女子缠了小足方能行姿斯文，突显端庄、高贵，才能进入上流社会，当上贵夫人。若不缠足，那是大脚女人，非但不入上流，连找婆家也遭唾弃。当然，有压迫就有反抗，反其道而行之甘为大足女人者，喜欢大足姑娘者，一样大有人在。何香凝为前者代表，廖仲恺为后者楷模，这是后话。

话说小香凝被强行施以缠足手术后，又哭又闹了好一阵，无奈已被缠上，只好强忍着安静下来。她的小圆脸涨得通红，泪水盈盈的大眼睛滴溜溜地转着，歪着小脑袋，两只小手紧紧攥着小拳头，心里想着、想着……

夜已深，月西沉，满天星斗，远处偶然传来几声狗吠，继而又复万籁俱寂。家里人都进入了梦乡，可是小香凝此时却开始觉得自己的一双小足火辣辣地痛，且越来越痛，还夹杂着酸、麻、辣和刺骨钻心的感觉，十分难熬。痛楚让她的冷汗浸透了内衣，全身都使不上劲。好个小香凝，强忍着脚痛，偷偷地摸黑起床，从床头柜里摸到一把小剪刀，毫不犹豫地对着缠足的纱布，“刷刷刷”地就剪了起来。不一会工夫，纱布全剪掉了。她把小剪刀放回原处，把纱布全扔进床底。这时的小香凝顿觉全身轻松，她偷偷地笑了笑，躺回床上，安然入睡。

绘画：少女何香凝剪掉缠足布。（廖仲恺何香凝纪念馆展品）

第二天一早，小香凝又像往常一样蹦蹦跳跳地出现在家人面前。父母一看，昨天的辛苦竟前功尽弃，这还了得！父亲勃然大怒，即把小香凝斥责了一番，还痛打了一顿，再查收了她的小剪刀，并命仆人们把全家的剪刀和小刀都藏起来。接着，父亲命仆人们再次给她施行“足刑”，而且比上次缠得更密实，最后还向小香凝放狠话：“如敢再剪，不给饭吃，推到郊野喂狼去！”

小香凝却宁折不弯。俗语有云：“三岁知八十。”她从小便养成倔强性格，凡事总是争强好胜，常常表现出长辈们都无法驾驭的特立独行的任性，凡是她认准了的，一定毫不动摇，九牛二虎也拉不回；凡是她认为不对的事，一定抗争到底，誓不罢休。

小香凝到处都找不到剪刀，曾试图用手扯、针挑、口咬、火烧缠足布等方法，均未成功，真是又急又气，越气越急！无奈她年幼计乏，纵然悲愤填膺，也徒唤奈何。

正在小香凝“走投无路”之时，一个服侍她的小丫鬟来探望她，看到她这般痛楚，心生怜悯，便偷偷从街上买来小剪刀。小香凝如获至宝，用私房钱奖励了小丫鬟。深夜，小香凝又像第一次一样如法炮制，剪去可恶的缠足纱布，不过这次她多了个心眼，机智地把小剪刀暗藏在家中神坛上的一个暗格里，以备第三次、第四次再用。

父母又一次责骂、痛打，追查小剪刀的来龙去脉。小香凝咬着牙关，强忍疼痛，噙着泪水，严守小剪刀的秘密。如此再缠再剪，再剪再缠，反反复复，延续十数次。愚昧的母亲还想坚持缠下去，而父亲却终被女儿的不屈不挠的苦斗精神和韧性感动了，只得仰天长叹：“由她去吧，这个女儿真的与众不同！”母亲也无可奈何，忧怨地嘟囔了一句：“那就让她变成大脚婆了。”

小香凝的抗争终于胜利了。从此，她光着一双小小的“大脚”在何公馆里到处奔跑，爬墙上树，采果玩耍，无所不能，快活无比。

在19世纪80年代的旧中国，反对缠足简直是“离经叛道”的大事。这件事给何香凝以后的生活、婚姻和事业带来重大的影响。

二、自学诗书胜男儿

何公馆内有一私塾。私塾，是旧中国私人办理的学校，为“私学”之一种，有塾师自设的学馆，有地主、商人设立的“家塾”，也有以祠堂、庙宇的地租收入或私人捐款举办的“义塾”。每个私塾一般只有一个教师，教程、教材及学习年限都没有统一。这种私塾在旧中国城乡均较流行，但一般入读人数较少，且多以男孩为主，甚至是清一色的男孩。何公馆的私塾有4个学生，那就是何香凝的两个哥哥和弟弟。一位何家请来的老先生主要教他们认字、写字，读一些“上九潜龙勿用”的古文。

每天早晨，老先生领着几位兄长和小弟高声唱读文章，朗朗的读书声响彻何公馆，常常让好奇心特强的小香凝踮足注目，竖耳聆听，觉得那声音又新鲜又悦耳又刺激。

有一天，何载正坐在大堂里惬意地“吞云吐雾”，小香凝一阵风似地蹦到跟前，涨红着小脸，眼睛看着父亲，理直气壮地说：“我也要读书。”

“你要读书？不行！”何载摇了摇头。

“为什么？哥哥弟弟就行？我就不行？”小香凝不服。

“自古有话，‘女子无才便是德’。你是女子，跟你哥弟不同，所以不必读。”

何载虽是香港富商，但思想仍较保守，尤其重男轻女的封建意识根深蒂固，他甚至认为，女孩若和男孩同私塾读书，会影响男孩的聪明，造成阴盛阳衰，不利家业。

何香凝心有不甘，但毕竟年幼，说不出多少道理反驳父亲，只好怏怏而退。

但倔强的小香凝不会就此罢休，她几乎天天都在书房外“倾听”哥哥弟弟的读书声。到了八九岁，她又多次向父亲提出读书的要求。这个时候，他父亲开始担心：“这女娃敢反抗缠足，说不定哪一天忍不住会大闹私塾，看来此事不能长此耽搁，得想点办法解决。”于是，何载千方百计找到一间师生全是女性的“女书馆”，送小香凝入读了。

其实女书馆离何公馆不远。每天，年幼的小香凝由婢女陪着坐黄包车上学。在那里同样是学认字，学毛笔字，读八股文，有时还得听先生胡诌一些“三从四德”之类的“女学”。

19世纪末香港的交通工具——人力车、轿。（许锡挥供图）

何香凝在这间女书馆里读了两年之后，不料香港流行一种叫“核疫”的瘟疫，来势凶猛，死人不断，学生纷纷逃离，女书馆关门停办，何香凝一家也匆忙到澳门避疫。不久，瘟疫一过，全家再返香港，但小香凝再也没机会重回女书馆读书了，因为女书馆没再复办了。

此后，何香凝全靠自己顽强的意志和毅力自学，直到1903年到日本留学，才有机会接受正规的系统教育。

何香凝青少年时期的自学有三个过人之处：一是自觉，二是勤奋，三是兴趣。

前面说到，父亲何载固执地认定“女子无才便是德”，所以从不鼓励女儿读书，更无从督促。但何香凝从小就有“不服输”的性格，她始终自觉地坚持自学，即使女书馆没复办，她也不放弃，向哥哥弟弟请教，向何公馆的长者请教，每天读书不间断。父亲看着这个女儿整天埋头读书写字，甚为不解，还常常让小香凝陪他玩“十三糊”纸牌。何香凝偶尔也陪父亲玩会儿，机灵过人的她赢多输少，但她对此趣味索然，更不想浪费自学时间。因此，当父亲叫她玩“十三糊”的时候，她就让婢女代她上阵：“输了钱我出，赢了钱归你。”婢女乐得其所，她则一闪身躲进闺房专心致志自学起来。

“天道酬勤”，何香凝不但自觉自学，而且异常勤奋。她每天坚持手不释卷七八个小时。她找来兄弟们读私塾的教材，刻苦攻读，碰到不认识的字，就打上记号，寻找机会问兄弟，或者通过婢女间接问塾师。哥哥何启仪和塾师都十分赞赏她的虚心好问，每次解答都耐心细致且乐在其中。有时，为弄清疑难词句的含义，小香凝还会倚在塾馆门外竖耳倾听，一站就是一堂课的时间。她还用攒下的私房钱买来一本字典，慢慢学会了使用，读起古文来更是如虎添翼，进步神速。有一次，父亲何载接到一封朋友来信，信内有几个字老是看不懂，问四个儿子，个个摇头。刚好小香凝在旁，一下就读出字音，并胸有成竹地解释了字义。父亲不信，即问私塾先生，果然正确无误。父亲大惊："这女儿，真不简单，可惜不是个男娃啊！"

何香凝自学的兴趣浓郁而且广泛，尤其倾情于古诗、书法、艺术、茶道等传统文化。

她有一本《唐诗三百首》，爱不释手，经常诵读，以致背诵如流。唐诗是中华文化的经典奇葩，在中国文学史上堪称诗艺顶峰。唐诗内涵丰厚，声韵并茂，节律流畅，脍炙人口千百年，艺术魅力贯千秋，何香凝为唐诗的魅力深深吸引着，逐渐对之产生浓厚兴趣，每天吟诗不辍，乐此不疲。

何香凝从少年时代起熟读唐诗，为她后来成为诗人和画家奠定了坚实基础。她的作品常常诗中有画，画中有诗，而且意蕴深刻，极具感染力。例如，在一幅题为"石·牡丹"的画中，她写下了这样的诗句：

皎洁无尘石作家，
枝清叶净弃繁华。
前世错种朱门下，
却被人称富贵花。

何香凝还坚持自学毛笔字，从描红字帖到临摹书法名家名篇，日复一日，年复一年，既刻苦用功，又兴趣盎然。每天，她都自觉端坐书房，挥毫练字。婢女给她磨墨，她则凝神，运气，挥毫，练楷书一笔一划规矩端庄，练行草结构稳健而动静有致，各种字体均显刚柔兼济之韵，恰如其"巾帼须眉"之性格。家中的女佣说她："九小姐写的不像女仔字，更像男仔字。"父亲偶尔也过来看看，说："如果你是男儿，我就让你写副对联贴在门口了。"

何香凝对茶道也挺感兴趣。因为父亲经营的是"祥安茶行"，并附设茶工厂，家中茶叶品种琳琅满目，茶香四溢，沁人心脾。何香凝从小就喜欢品茶，婢女专门为她准备了一副精致的茶具，一天泡三次。有时她也会自己动手泡茶喝。

茶的故乡在中国，自神农氏发现茶叶解毒、润喉、健身、疗疾始，茶便与人类结下不解之缘，成为人们日常生活中不可缺少的“开门七件事”之一，并逐渐发展为中华民族独特的茶文化。唐诗中有不少咏茶诗，何香凝犹感兴趣。

透过茶叶独特的色、香、味，她和所有的文学艺术家一样，把饮茶与情、艺、乐贯穿在一起；她也和所有教育家一样，把饮茶与廉、和、敬紧密结合，作为抒发感情、陶冶情操、涵养道德、联谊友情的纽带和桥梁。所以，当她与家人一起饮茶的时候，经常以茶谈诗论道，口若悬河，皓齿红唇一张一翕，以致家人给她起了个“茶叶西施”的雅号。西施，乃中国有“沉鱼”之称的古代四大美人之一，是温文尔雅的化身。但何香凝的外孙李湄回忆外婆时说：“素有‘茶叶西施’之称的何香凝，举止可不像西施那样斯文，更像是‘大家族中的异类’。”（见李湄所著《梦醒——回忆我的母亲廖梦醒》，第7页）

的确如此，富商大家庭中的千金小姐何香凝，长着一双大脚，与家里的男孩赛爬树，倔强好胜；跟男子汉一样抽水烟筒，把广东人称作“大碌竹”的水烟筒抽得咕噜咕噜地响，然后从口中吐出一圈圈白烟。父母甚至忧虑：这样的大脚姑娘比男人还男人，会有人敢娶吗？

三、大脚千金结良缘

在旧中国，女子多为早婚，芳龄二八（即16岁）就出嫁了；新中国初期的第一部《婚姻法》规定女子结婚年龄起限也只是18岁，而晚清时期的1897年，何香凝已经19岁了，还待在闺中。父母为她的婚事担忧，而她却一点也不着急，每天仍然专心于诗、书、茶，还协助父亲管理家中日常开支，点物记账等轻车熟路。

一天，一位肥胖的弟弟在庭院里发现树上有个鸟窝，准备找梯子上树掏鸟蛋。女佣找遍何家大宅，院里院外也找不着长梯子，招惹了胖少爷生气，责骂女佣不中用，令她即刻上街买长梯子。女佣跑去向何香凝讨买竹梯的钱，何香凝问明因由，不肯开支这笔小钱。胖少爷更生气了，哭闹了起来。何香凝闻讯赶来，大声说："掏鸟蛋何须爬竹梯？我爬上去帮你拿下来就是了！"

说着便撸手捋脚准备爬树，被哭闹声惊动的母亲陈二从内屋出来，大声喝道："茶叶西施，你发癫啦？小时候你爬树我不怪你，现在你大姑娘一个，还要爬树？成何体统？传出去，更没人敢娶，看你怎样变成老姑婆……"

陈二叫女佣弄来一条晾晒衣服的长竹竿，把鸟窝捅了下来，平息了此事。

何香凝的确是亭亭玉立的大姑娘了，而且很美：端庄的脸庞，眉清目秀，刚柔并蓄，举手投足，既文雅又刚健。她那清澈而水灵的双眸，透射出神清气爽、自信刚毅、善良淳朴的气息，言行举止不失大家闺秀的雍容和高贵。

按中国传统十二生肖“鼠、牛、虎、兔、龙、蛇、马、羊、猴、鸡、狗、猪”的排列，何香凝属“虎”。据说，属虎的人心胸开阔，机警敏捷，意志坚强，但争强好胜，甚至会有叛逆性格，脾气还容易火爆等。

“虎女”何香凝的婚姻在父母焦灼的等待中终于降临。中国有句古话：有缘千里来相会，无缘对面不相逢。而何香凝的姻缘来自遥遥万里之外的美国归侨——此时正在香港皇仁书院读书的廖仲恺。

话说廖仲恺原名廖恩煦，1877年4月23日生于美国加利福尼亚州旧金山（今三藩市）一个华侨家庭，祖籍广东省归善县鸭仔埗乡（今惠州市仲恺区陈江幸福村），客家人。父亲廖竹宾出生在鸭仔埗窑前村，自小情系乡土，青年时代起随经商的父亲在香港定居，进入教会开办的圣保罗书院读书，品学兼优。毕业后他受聘于香港汇丰银行履职，不久调到汇丰银行旧金山分行服务，能力超群，业绩非凡，工作两年后擢升为该银行副总经理，成为旧金山华人社会中的佼佼者。

美国归侨青年廖仲恺。归国后在香港读书，终与何香凝走在一起。

廖竹宾虽然洋装穿在身，但胸怀一颗赤诚的中国心。他独资在旧金山开办第一所华人小学，在父亲的熏陶和悉心指导下，廖仲恺三岁即开始诵读唐诗宋词，五岁学孔孟之道，七岁写得一手“颜筋柳骨”毛笔字，八岁入读美国学校修英语，同时师从华人塾师攻读中文。自此，他对中国语言、历史文化和优秀民族传统了解渐多，慢慢地也像父亲一样，怀揣一颗“中国心”。

随着年龄的增长，廖仲恺逐渐谙得世事，心中开始萌生爱国之情。他了解到，旧金山原是美国西部一处不毛之地，19世纪中期，这里被发现有大型金矿，遂掀起一股疯狂的“淘金热”。来自中国广东、福建沿海一带的“猪仔”华工，成为廉价的淘金苦力。数万华工除了淘金，还干修筑铁路、建造高楼、填洼治荡等最苦最累最脏的活儿，而收入却十分低微。华工们用血汗和泪水造就了旧金山的繁华。1877年美国发生经济危机，大批工厂倒闭，商业萧条，成千上万工人因此失业，生活跌入苦难的谷底。而唯利是图的资本家为摆脱困境便狡猾地转移目标，把矛头指向华工，说华人抢了美国工人的饭碗，进而掀起排华浪潮。加利福尼亚州议会还制订许多排华、反华律例，美国流氓、地痞、无赖之徒常常在华人居住区寻衅闹事，焚烧华人财产，借故殴打华人，整个旧金山华人如生活在人间地狱一般。青少年时期的廖仲恺耳闻目睹了这一幕幕人间惨状，逐渐体会到侨居异国“寄人篱下”、受人歧视和欺凌的苦楚，更加深了思念祖国、想念家乡之情。

到了1883年夏天，年迈染疾的廖竹宾把儿子恩煦叫到床前，用一口纯正的家乡客家话低沉地说：“我的灯油快尽了。我归天之后，把我送回老家，葬在故乡的青山上，这叫落叶归根。记住啊，我们的根在中国，要永远爱我们自己的国家！”

廖仲恺心中一阵悲凉，重复着父亲的话：“我们的根在中国，要永远爱我们自己的国家！”

廖竹宾又说：“你属牛的，要像牛那样勤劳做事，任劳任怨，奉献米谷；还要按照客家人的习俗，不要娶缠足女子为妻，要娶大脚姑娘，才好把家……”

廖仲恺凝望父亲干瘦而慈祥的脸庞，哽咽着说：“阿爹，孩儿记住你的话了，你放心吧！”

不久，廖竹宾在美国病故。16岁的廖仲恺在叔父廖竹岗（于香港）、长兄廖凤书（于日本）的协助下，辗转万里把父亲的灵柩运回家乡安葬在青山上。廖仲恺在家中边守孝边读了三年私塾，然后，在叔父的帮助下进入香港皇仁书院读书，其时已是书院的二年级学生了。

话说廖仲恺这位叔父廖竹岗并非等闲之辈，曾任香港招商总办和电报局总办，娶一妻六妾，共生九儿十八女，是家兴业大的香港上流社会人物。有一天，他对廖仲恺说：“我与你父亲兄弟一场，情深义重。我希望你早日成才，也该早日成家，好让你父亲九泉之下含笑欣慰。”廖仲恺对叔父的厚爱和美意深表谢意，廖竹岗趁机便放出口信，要为侄儿在香港上流社会物色一位千金小姐为妻。

口信一经放出，各路媒人便纷至沓来。媒人都有如簧巧舌，个个把自己介绍的千金小姐吹得如沉鱼落雁，闭月羞花。廖竹岗均表示满意，可是一问廖仲恺，尽摇头。面对侄儿的婉拒，叔父廖竹岗大惑不解，又气又急地问：“难道你要娶一位天仙不成？”

廖仲恺斩钉截铁地回答：“不！我要娶一位大脚姑娘，绝不要缠足的千金小姐！家父临终前嘱咐，我们是客家人，要按客家人的风俗办，要娶大脚女人为妻。媒人介绍的千金小姐都是三寸金莲缠足女，走起路来一摇三摆，我看不惯，更不合先父遗嘱。”

当时，在香港的上流社会，女性缠足被视为时尚美，不缠足的千金小姐，简直凤毛麟角，而且还被贬为“另类”。就在廖仲恺坚持要找大脚姑娘，而何香凝父母则忧虑大脚女儿嫁不出去的时候，一位消息灵通而又能说会道的媒人一摇三摆闯进了何载的公馆，大声嚷嚷：“真是天公生眼哟，人间奇缘啊！一位美国后生哥万里迢迢回到香港读书，如今要娶大脚小姐哩！”

何载、陈二夫妇闻声而喜，连忙与媒人交头接耳。嘀咕一番之后，何载表示满意，因为他对廖竹岗大名早有所闻，算是门当户对了。而陈二则有点不放心，要媒人设法安排，自己要不动声色地见一见未来女婿。

在媒人的安排下，陈二见到了廖仲恺。只见他个子不高，但身躯硬朗；模样不算英俊，但轮廓分明；说话斯文淡定，双目炯炯有神。唯一让陈二心中忐忑的是，年轻人左眉上有一粒痣。她听相命先生说过，眉上有痣者，易殒于非命也。作为母亲，不禁替女儿的未来家庭生活又添一丝忧虑。回家跟女儿一说，何香凝即表态：“我才不信睇相算命那一套。”何载也不迷信这种“痣命”说。

就这样，在那“父母之命，媒妁之言”的年代，何香凝和廖仲恺婚前也没见面，婚事就定下来了。那是1897年夏天的事，双方家长议定：当年金秋十月，喜结良缘。

四、“双清楼主”论国事

1897年10月，金秋时节。廖仲恺和何香凝的婚礼在中国南方的广东省省会广州市珠江南畔的廖公馆举行。主婚人是廖仲恺的胞兄廖凤书（原名廖恩焘）。他是清廷的外交官，比仲恺年长12岁。父母不在，长兄为父。他要把胞弟的婚礼办得隆重、体面、有声有色。

廖公馆坐落在珠江边不足百米的地方（现为海珠区同福西路龙溪新街42号）。当年，这一带房屋稀疏，附近有一座历史悠久的海幢寺，珠江上没有桥，市内机动车寥若晨星。新娘子何香凝和两个陪嫁丫头以及嫁妆队伍，从香港取水路乘木船过来。装饰得五彩缤纷的婚船刚泊码头，岸边的鞭炮声、锣鼓声已响彻长空。大花轿早在珠江边恭候新娘。新娘子身穿闪烁着珠光金辉的婚衣，头戴凤冠，肩披红绸，由两个陪嫁丫头搀扶着离船上岸。一路上，迎亲队伍吹吹打打放鞭炮，七彩纸花洒满路，顷刻便到了宾客如云、水泄不通的廖公馆。

19世纪末的维多利亚港。何香凝当年从这里乘船到广州与廖仲恺结婚。（许锡挥供图）

新娘何香凝进了廖公馆，与廖仲恺拜过天地和祖宗神位之后，夫妻拱手对拜。廖仲恺用有点颤抖的双手轻轻揭开新娘子的披头红绸时，不禁喜上心头：只见新娘子眉目清秀，皓齿朱唇，粉红的脸蛋一派祥和，五官神情刚柔并蓄。廖仲恺心想：原来大脚妹还有这么美的哟！一时间，满座宾客的喝彩声、掌声响个不停。

而何香凝则娇羞地望了新郎一眼，只见他头戴插花礼帽，身穿马褂长袍，身材偏矮，那双兜风耳以及眉间痣特别引她注目。她转而环视这个廖公馆：不足200平方米的面积，砖木结构，所有陈设也很普通。跟着新郎进入一间仅约十平方米的新房，何香凝对一切都感觉很陌生，很不适应。自小住惯了香港的宽阔豪宅、娇生惯养的何香凝，此时一下子很难高兴起来。

婚后，何香凝随丈夫寄住在廖公馆。廖凤书有子女十人，还有佣人、丫头，人多嘈杂。初时，一对新人的新房在首层一个木板间成的小房间，后来为静心读书，并减少与嫂子的矛盾以及避免侄儿女们的嬉闹干扰，便在二层西北角晒台上搭了一间小屋居住。

1897年10月，廖仲恺何香凝结婚后住过五年的地方。此处二楼晒台有间斗室小屋叫“双清楼”（已拆）。

这间小屋虽然矮小而简陋，但独居高处，白天可以静心读书，晚上可以饱览珠江夜景。江面小艇渔火点点，渔歌晚唱此起彼伏，别有一番情趣。尤其在月明星稀之夜，皓月当空，珠江如练，水面如镜，静影沉璧，更

是满眼诗情画意。住进这间小屋，喜爱书、诗、画的廖仲恺何香凝，感到特别清新和欢愉。一次，时逢中秋佳节，皓月洒下清辉，很有人月双清之感。何香凝触景生情，写下“愿年年此夜，人月双清”的诗句。从此，小夫妻便把这楼台斗室命名为“双清楼”，取“人月双清”之意。后来何香凝便以“双清楼主”的雅号署名作画，廖仲恺也把诗词集撰名为《双清词草》。后人据此称他们为“双清”，有《双清文集》、《双清诗画集》、《双清传略》等传世。

何香凝和丈夫在这“双清楼”一住就是五年。在这五年间，她体贴入微地照顾和帮助廖仲恺完成在香港皇仁书院的学业。而廖仲恺也常向妻子谈及时事，搜集新书刊供她阅读并细心指导，帮助她开阔视野，提高她对国家和世界大事的认识。

由于清政府腐败无能，弱国无外交，处处受西方列强欺凌。在廖仲恺何香凝结婚后的第二年，即1898年6月9日，英国又利用中日甲午战争后清朝的极度屈辱地位，缔结了《中英拓展香港界址专条》，强行租借了深圳河以南、原界限街以北的九龙半岛以北地区及附近的235个岛屿和礁岛，以及大鹏湾、深圳湾水域（这一地区后称“新界”），租借期为99年。

消息传来，何香凝甚为愤怒，大呼“简直是国耻！”廖仲恺则说：“待到中国独立富强时，总有一天，香港要回到祖国的怀抱，大雪国耻的。”待到1997年，香港果然回归祖国。这是后话了。

何香凝在丈夫的帮助下，更加关心时事政治。1900年8月，八国联军洗劫北京，大量珍贵的中华文化历史文物惨遭毁坏。次年9月，清政府与英、美、德、日、奥、意、西、荷、比11国在京签订《辛丑条约》，中国要向列强割地赔款，出让资源。这一消息更让“双清楼”的主人义愤填膺，一向文雅的廖仲恺拍着桌子大骂："清廷一班饭桶净干丧权辱国之事，如此下去，不亡国才怪！"何香凝清秀的脸庞涨得通红："国家兴亡，匹夫有责！仲恺我们该怎么办？"

廖仲恺摇头长叹，一时答不上来。但他心潮澎湃，思考着夫人提出的问题：国家兴亡，匹夫有责！我仲恺该怎么办？中国面临着亡国的危机，但中华民族是伟大的民族，每当民族面临危亡的时刻，总会涌现出一大批爱国志士仁人，都会以不同的方式寻求救国之道。当时，廖仲恺也了解到，他的皇仁书院校友、"师兄"孙中山早已奔走海外，宣传反清救国。一批又一批知识分子出洋留学，寻求救国真理。于是，血气方刚的他萌生了在皇仁书院毕业后出国留学的念头。然而，静心一想，哪来的出国留学经费呢？如今，仍与妻子寄居在兄长家中，又要到皇仁书院读书，哥哥和叔父的济助也是有限的，出国留学谈何容易啊？故此，他闷闷不乐，回答不了妻子的问题。

何香凝与廖仲恺结婚后，两人从认识、相知、相恋到志趣相投、志同道合。她爱自己的丈夫，更爱自己的国家。"国家兴亡，匹夫有责"这句由明清著名史学家顾炎武（1613—1682）提出的名言，早已深深烙印在她的脑海中。她也思考着如何帮助自己的丈夫，思考着如何为拯救国家，振兴中华尽一份国民的责任……

五、志同道合伴君行

婚后的何香凝不仅在生活上对丈夫体贴入微，在思想情感上也与丈夫日趋相通。廖仲恺欲出国留学寻救国之路而又囊中羞涩的窘境和苦恼，她已猜到几分。一天，她诚恳地对丈夫说：“仲恺，你有什么心事尽管告诉我，我们一起想办法，或许能解决，总比你闷在心里好吧？”

廖仲恺深情地凝望着妻子坦诚的脸色，把自己留学日本的想法和经济拮据的苦恼，如竹筒倒豆子般全说了出来，说完后顿觉一阵轻松。

何香凝说：“留学日本，寻求救国之道，我全力支持你。我有1000多元私房钱，是我儿时帮父亲理财管家父亲所赏赐的，还有陪嫁的金银首饰，翡翠珠宝，细软精品，都可变卖……”

廖仲恺连忙拦住：“不行不行，奁饰不能卖。”

何香凝斩钉截铁：“死物一堆，卖！”

前已述及，何香凝自小就有叛逆性格，她认定的事就必干到底，九牛二虎都休想拉回。

何香凝母亲陈二听说女儿要变卖奁饰，大加反对：“这样‘丢架’（粤语，即丢脸的意思），也白费我心机。当初我每年送给你几件首饰，都是亲自走几条街，挑挑拣拣买回来的呀，怎能说卖就卖？”

何香凝安慰母亲：“这些首饰我也心爱，女儿也会牢记母亲的心意。但是，仲恺在皇仁书院毕业了，到日本留学求发展，我也计划伴他前行，这是好事。再说，将来仲恺学有所成，事业发展了，一样可以买回更好的首饰。”

陈二深知女儿的犟脾气，也只好让她三分，还私下塞给女儿一些钱。就这样，何香凝拿出私房钱，变卖了大部分奁饰，凑够了3000多大洋，交给廖仲恺作为留学经费。

1903年1月（一说是1902年秋天），廖仲恺深情吻别妻子，告别居住了多年的“双清楼”，东渡日本留学去了。

两个多月后，何香凝再把“双清楼”属于自己的嫁妆、细软、家具和杂物等全部变卖，告别父母兄嫂，东渡日本东京，与仲恺一道，开始了充满机遇和挑战的全新的生活。

丈夫廖仲恺是在美国和中国内陆、香港等几处接受过正规教育并见过世面的人，因而他的留学比较顺利。经过日语进修，廖仲恺先后进入早稻田大学、东京大学政治经济科学习。而从小没有接受过正规教育，一直深居闺阁的何香凝，其留学路途就较坎坷了。

何香凝抵达东京后，伴随丈夫在早稻田附近租了间公寓住下。这间公寓有很多房间，原先已有众多广东同乡留学生在此租住。“千金小姐”何香凝的到来，给这群热血青年才俊增添了许多快乐。在这群学生中有位来自南海的关乾甫，年纪比何香凝小，尊称何香凝为“廖夫人”，又说是与何香凝同是“南海老乡”，显得特别亲切。若干年后，何香凝创建仲恺农工学校时，关乾甫即鼎力相助，并亲自任训育主任十多年。这是后话。

赴日留学，必须首闯“日语关”。何香凝进入普通的补习学校学习日语，为考入专门学校作准备。别看日文有不少中国字，有时按中文的语法习惯来运用反而会笑话百出，跟着老师“嘎吱嘎吱”地读起来，更让人感到一头雾水。只会说粤语的何香凝完全没有拼音基础，连说普通话也不标准，因而学起日语来简直比登天还难呢。她感到自己在这所补习学校学日语进步不大，于是辗转托人，迁入东京目白的日本女子大学

的寄宿校舍居住，以求“封闭式”的日语氛围来提高自己的日语水平。尽管如此，何香凝对听课仍感困难。当时的日本女子大学校长成赖寅藏对她的学习状况十分关心，特请学校一位老师舍监及其夫人为何香凝“开小灶”学日语。在舍监夫妇的悉心指导下，何香凝日语水平日渐进步，基本能适应学习专门课的需要。不久，她又转入东京女子师范学校读预科，补习日语和普通基础课程。

何香凝留学日本，不忘寻求救国之道。她到日本不久，便跟随丈夫参加留学生举办的各种政治活动。1903年4月29日，他们参加了在东京锦辉馆举办的有500多名留学生出席的集会，愤怒抗议沙俄妄图侵略中国东北的暴行，随后又参加了广东籍留学生拒俄集会并捐款的活动。经济并不宽裕的留学生们大多是捐五角、一元、二元的，而何香凝一出手就捐了三元，并支持廖仲恺捐五元，可见她的爱国热情之高。

自从1896年清朝派出13名学生赴日留学，揭开了近代中国人留学日本的序幕之后，一批接一批中国青年公费或自费东渡扶桑，出现了留日热潮。到20世纪初时，留日人数已达五六千人之多，而其中女性留学生只有区区十余人。何香凝、秋瑾、胡彬夏、林宗素是女性留学生的活跃分子。1903年6月25日，何香凝撰写的《敬告我同胞姊妹》一文发表在东京出版的由江苏同乡会编辑的《江苏》杂志第4期。此文是何香凝的“开山”之作，是她开宗明义的发端之论，也是我国妇女运动史上宣传妇女解放的早期代表作品之一。

何香凝用文言文写成的《敬告我同胞姊妹》仅700余字，短小精悍，强调“国家兴亡，匹夫有责”不仅是男子的事，妇女也有责，观点辛辣鲜明。她在文中指出：“然则天下兴亡，吾二万万（女）同胞安能漠视哉？覆巢之下，薪火之上，宁有幸欤？吁我国胞，至今犹墨守无才便是德之谬说，有目而盲，有耳而聋，有脑而窒，有心而蓬。其上者则沉溺于词赋，研心于笔札。叹老嗟悲之声，充斥乎闺房；春花秋月之词，缤纷于楮墨。不知国家为何物，兴亡为何事。土地日削，置若罔闻。其必待肌肤之辱、死亡之惨及其身而后觉呼？则庚子之变，联军入京之事，去今未远，铁骑到处，民不聊生。”她大声疾呼：“吁我同胞，其勿仍以玩物自待，急而破女子千年黑暗地狱，共谋社会之幸福，以光复我古国之声名。”“我姐妹乎，其急湔除旧习，灌输新知，游学外国，成己成人，勿放弃责任，坐以待毙。”

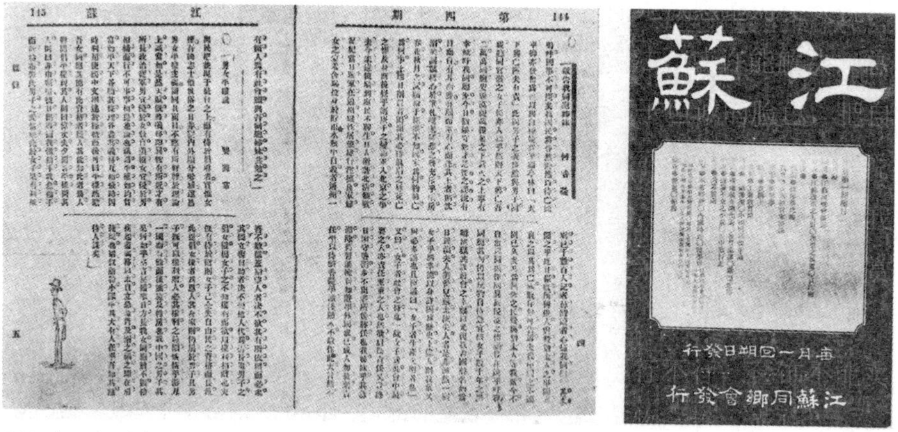

1903年，何香凝赴日留学后在《江苏》杂志发表“开山之作”《敬告我同胞姊妹》一文。

何香凝这第一篇檄文的发表，突显了她痛感祖国危亡、极欲奋起救国的情感，表现了她“巾帼不让须眉”的豪情壮志。正是这种爱国情怀和思想基础，使她和丈夫廖仲恺很快就加入了孙中山领导的资产阶级民主革命的行列。特别是她从此致力于妇女解放运动，使她成为近代中国著名的妇女运动的领袖之一。诚然，该文中个别论述尚有不足或偏颇之处，但瑕不掩瑜，该文仍不失为一篇唤起中国女性早日觉醒的宣言书。彼时彼地，一个初出茅庐的年轻女学生，能有如此博大心胸、深邃见解，实属难能可贵。

六、东京巧遇孙中山

在日本的中国留学生，争论的政治热点是用什么方法救中国。随着革命派与保皇派的论战，留学生们的思想也分为拥护革命者和拥护保皇者两种。而何香凝与廖仲恺站在拥护革命者一边并已经开始参加革命组织的社团活动。

1903年9月的一个夜晚，何香凝跟随丈夫到神田保町中国留学生会馆参加一个集会。到会的既有革命者，也有保皇者，可谓“鱼龙混杂”。争论之声，南腔北调，还夹杂着日语，乱哄哄的，犹如水浸鸡窝，叽叽呱呱。会议进行了一段时间，会场还没有安静下来，突然，主持人宣布：“请孙逸仙先生讲话，他刚从越南来。大家欢迎！”一阵热烈的掌声过后，会场瞬间鸦雀无声。何香凝眼前一亮：只见主席台上出现一位身着西装，个子魁梧，英俊潇洒的男人。她喜出望外：噢，想不到在这里见到孙中山！何香凝对其早有所闻：“四大寇王”之一的孙逸仙，又名孙文、孙中山——大名鼎鼎的革命家！他为宣传组织反清斗争而奔走世界各地，一直遭清廷通缉追捕。如今，孙中山突然出现在这里，何香凝不禁为自己敬仰的革命前辈的安全隐隐担忧。

何香凝全神贯注地凝望着站在主席台上的孙中山，只见他挥动着手势，用带有浓重广东口音的国语发表慷慨激昂的演说，这在何香凝听来，倍感亲切，句句入心。

孙中山说，中国积弱太甚，亡国灭种的悲剧早已揭开了序幕。国民当前应该发愤图强，彻底革命，驱除那些侵略、奴役我们的帝国列强，推翻腐败无能、媚外虐内的清王朝，方能拯救危亡的祖国。孙中山激昂地发出号召，留学生们要和国内优秀的革命儿女们站在一起，积极投身反帝、反清的革命运动。他那伟大的气魄、坚定的信念以及令人激动的演说，令与会者感奋，会场上爆发出雷鸣般的掌声，而演说的内容，更拔亮了自小爱听反清故事的何香凝聪慧的心灯。

大概出于安全考虑，孙中山的演说似乎只是开了个头便戛然而止，随即匆匆离开会场。这自然未能让崇敬孙中山并渴望寻求救国真理的青年学生获得满足，何香凝也颇感失落。

在回家的路上，何香凝抑制不住激动的心情，对丈夫说："仲恺，我们设法登门拜访孙先生好吗？"

廖仲恺说："当然好!但恐怕不容易。日本警方鹰犬很多，接待孙先生的人不会轻易安排个别会见的。"

何香凝说："我们既要为孙先生的安全着想，又要更详细聆听孙先生谈论的革命真理，你还是大胆想法子吧！"

果然，廖仲恺大胆想办法，连续几天通过广东籍留学生多方打听和联络，并征得孙中山同意，个别会见的事宜得到秘密安排。

几天后的一个秋夜，凉风习习。何香凝、廖仲恺夫妇在广东同乡黎仲实引领下，穿过一条僻静的小石子路，来到小石川一间普通的小旅社（日本人称之为下宿屋）拜访他们敬仰已久的孙中山。

当年孙中山年方37，目光炯炯，眉宇轩昂，甫一见面，便与廖仲恺、何香凝、黎仲实热情握手。宾主在房间的"榻榻米"上席地坐谈。温文尔雅的孙中山一口广东乡音，话题从中国政治现状开始，谈古论今，重点讲1840年鸦片战争以来，列强入侵中国，清廷腐败无能、丧权辱国的种种罪行，并阐明了发动革命推翻清朝的必要性和可能性。

廖仲恺、何香凝心中豁然开朗，仿佛在茫茫的黑夜里见到东方的一缕曙光，精神为之一振。他们完全赞同孙中山的政治主张，心中坚信，只有像孙中山所说的那样，发动革命，推翻清朝，结束帝制，建立民主共和制才能拯救中国。

1903年9月，何香凝廖仲恺在日本东京拜会孙中山。（油画，廖仲恺何香凝纪念馆展品）

孙中山在谈话中讲到太平天国反清斗争的辉煌历史和失败教训，令何香凝又回忆起童年时代听到的太平天国大脚女兵英勇杀敌的故事，不禁神经质地动了动自己的一双大脚，脸上热辣辣的，心想：一定要追随孙中山，反清到底！

何香凝和廖仲恺回到家中，不断回味孙中山的话，兴奋得彻夜难眠，大有“听君一席话，胜读十年书”的欢快。

此后一个月内，何香凝又伴随丈夫两次秘密到小石川的小旅社去会见了孙中山，表示愿意参加到反清行列，并主动请求分配具体任务。孙中山对他们的革命热情表示嘉许，并嘱咐他们在日本的中国留学生中“物色有志同仁，结成团体，以任国事”。

同年9月底，孙中山离开日本赴美国、加拿大宣传革命。临行前，他委托廖仲恺、黎仲实、苏曼殊等人一个特殊任务，即组织在日中国留学生学习手枪、步枪射击等军事知识和实弹训练，为将来推翻清朝的武装斗争做准备。

廖仲恺把孙中山交办的特殊任务告诉了妻子，何香凝听后极其兴奋，表示支持。她想起太平天国的大脚女兵英勇杀敌的故事，便激动而郑重地对丈夫说："我也要求参加实弹训练！"

廖仲恺说："其他事我可以答应你，这事恐怕不行。因为要到郊野大森林射击，全是男的，带上你确实不方便。而且，这事不是我说了算。如果你们能为训练做些后勤工作，岂不是两全其美？"

何香凝听了，觉得丈夫说的有道理，这次破天荒地没有坚持自己的要求，听从了丈夫的意见。廖仲恺等人经过秘密串联，组织了在牛辻区的中国留学生数十人，成立反清义勇队。每天天刚蒙蒙亮，队员们便秘密集合到东京郊外的大森林，练习手枪、步枪射击。他们邀请懂军事知识的黄兴前来教授。"嘭、嘭、嘭！"枪声响彻大森林，惊飞不少林间鸟。与廖仲恺、何香凝居住在同一寓所的义勇队员有20多人。何香凝每天都先行起床，叫醒沉睡者，协助做一些力所能及的后勤工作，以实际行动支持丈夫及义勇队员练习射击。

封建王朝绝不会自动退出历史舞台，即使是千疮百孔的清王朝也不例外，他们为维护世袭江山，千方百计寻觅反清革命者的行踪。因此，那时的清廷驻日公馆非常注意留日学生的活动，时任公使汪大燮经常勾结日本警察侦察学生的行踪，跟踪、盯梢各种手段无所不用。义勇队的军事训练活动刚开始不久，就被日本警察侦知，并要诡计从中破坏。日警利用一个日本"女中"（即女佣）和一个卢姓的义勇队员谈恋爱的机会，唆使这个"女中"伪装怀孕，在何香凝居住的留学生寓所大吵大闹，表面上为勒索钱财，实际上是通过闹事破坏义勇队的军事训练活动。卢姓义勇队员含羞逃跑了，何香凝等留学生只好变卖家具杂物，筹款赔给那个"女中"，并被迫搬离此是非之地，迁居到小石川。事件虽然平息了，但军事训练也中断了。从此，何香凝对那些“女中”提高了警觉，也从而悟出清廷与日本当局狼狈为奸，互相利用，维护各自统治者利益的本质。

何香凝和廖仲恺经常重温孙中山的“物色有志同仁”的嘱托，在留日学生中大胆开展社交活动，除早已认识的关乾甫、萧友梅、胡彬夏、林宗素、黎仲实、苏曼殊外，后来还结识了朱执信、胡汉民、汪精卫、卢少歧等人。这些人后来大多成为同盟会骨干，聚集在孙中山高举的反清大旗下。

1905年，廖仲恺和何香凝（坐者）与青年友人合影。

何香凝东京喜遇孙中山，是她从千金小姐迈向革命道路的启航之旅，是她人生思想的转折点，更是她投身革命最终成长为妇女界杰出领袖的人生里程碑。从此，孙中山成为她的革命导师、精神偶像。她矢志不渝追随孙中山革命，自称是孙先生的学生、三民主义忠实的信徒，毫不动摇地宣传、贯彻、践行孙中山的政治主张和革命政策。

七、反清秘密联络站

随着反清革命形势的发展，各种革命小团体如雨后春笋在各地涌现，进行公开、半公开或秘密活动。正在欧美各国进行革命活动的孙中山，了解到国内外反清革命运动蓬勃发展的情况，深受鼓舞。但他认为，当下迫切需要把几个主要的革命团体扭成一股绳，建立一个紧密团结的、有坚强战斗力的组织，即一个统一的政党，才能更好地领导反清革命斗争。于是，他毅然结束欧美之行，于1905年7月再次来到当年中国留学生最多的日本，以便“召集同志，合成大团”。

孙中山这次到日本后，同以往一样，受到日本当局的密切关注。他住的小宿舍换了又换，屡受监视，要联络同志、收转函件、布置任务等都有障碍。为了避开监视，更稳妥地开展工作，孙中山急需寻找一个可靠的家庭作掩护，建立一个秘密联络站。他首先想到何香凝夫妇，便派黎仲实去与何香凝商量。当时，廖仲恺回香港筹款和探望年仅一岁的女儿廖梦醒去了。何香凝得悉黎仲实是孙先生派来的，格外兴奋：“别拐弯，有话直说。”

黎仲实说：“要把你和仲恺的家变成反清秘密联络站。”

何香凝问：“怎么个变法？”

黎仲实答：“首先是搬家，找一个交通较为方便的地方，租一间较大的房子。”

何香凝毫不犹豫地说：“行！还有呢？”

黎仲实强调："为了保密，必须辞去"女中"（佣人）。"

何香凝挠头皮了："噢，噢，你也知道，我自小不懂烧水煮饭……当然，为了革命，我可以学。但是到水井打水、挑水，我恐怕实在不行呀。"

当年的东京，尚没有自来水，也没有燃气，只靠煤炭炉烧水煮饭，连电灯也未普及，一般"货家"（出租屋）没有电灯。黎仲实深知，自小养尊处优的千金小姐要到离出租屋相当远的水井打水、担水确是不容易的，于是便说："这样吧，我每天给你打水、担水。大家都是为了革命。"

这下子，何香凝无后顾之忧了，便爽快地说："快回去报告孙先生，几天内我就搬家。"

不几天，何香凝辞去了"女中"，在黎仲实的帮助下，从小石川搬到神田区一处交通方便的出租屋。这间出租屋共有两层，楼上七个房间，比原来小石川那间宽阔多了，但原来的房租每月只要十一二元，而现在的却增至二十五元。何香凝毫不在意，高兴地亲自打扫房间，细心布置一番，想到孙中山和同志们即将来这里联络聚会，端庄粉红的脸庞露出灿烂的笑容。她马上写信告诉远在香港的丈夫，廖仲恺很支持妻子"自作主张"的革命行动。

自此，何香凝夫妇的东京寓所就成了革命党人的秘密联络站和聚会场所。孙中山经常和革命党人在那里秘密集会（有一段时间，每周达四五次之多），商议和策划革命工作。在以后的五六年中，何香凝的居处虽然搬迁过多次，但秘密联络站始终也随着她家的搬迁而转移。而廖仲恺、何香凝实际上是秘密联络站不挂名的"站长"，但大家没有以"站长"相称，倒是有人笑称何香凝为"何大脚"，或用日语亲切地称她为"御婆样"，意为"管家婆"、"阿姨"。

自从搬到神田区的出租屋后，何香凝学会烧炭炉、烧水、冲茶、切菜、煮饭、拖地板、洗衣服等家务，有时还会煎出香喷喷的荷包蛋，特别给孙中山加菜。虽说廖仲恺不在家时黎仲实天天为她打水担水，但有时水用完了恰好黎仲实又忙得离不开身，她也只好自己到井边吃力地打水了。

当时，经常在联络站秘密聚会的有孙中山、朱执信、胡汉民、黄兴、章太炎、刘成禺、汪精卫、黎仲实、张继、马君武、冯自由、苏曼殊等人。每当开会的时候，何香凝要看门望风，收藏鞋子，端茶倒水，有时还要照料便饭；平时则收转信函、保管文件、传达口信等。对一切繁琐杂务，她毫无怨言，都认真地一一做好。

经过孙中山在东京的积极活动，他提出的建立统一革命组织的意见得到了在日本的各个革命小团体中多数人士赞同。当时，除孙中山早年在檀香山建立的“兴中会”外，国内影响较大的民主革命团体有黄兴、宋教仁在湖南长沙创立的“华兴会”，蔡元培、陶成章在上海创立的“光复会”等。孙中山经过与黄兴、蔡元培等人反复磋商，决定把“兴中会”、“华兴会”、“光复会”和“科学补习所”等反清革命团体联合起来，组成统

《中国同盟会成立》（油画）。1905年8月，中国资产阶级政党——中国同盟会在东京成立。何香凝是最早的女会员之一。

一的政党。1905年7月30日，在东京赤坂区桧町三番内田良政宅中召开的筹备会议上，这个政党的名称被确定为“中国同盟会”（简称“同盟会”）。会议通过了孙中山提出的“驱除鞑虏，恢复中华，创立民国，平均地权”16字政治纲领。后来又经过一段时间的筹备，包括在何香凝家中开过多次小会，于同年8月20日，在东京赤坂区灵南坂本金弥住宅举行“中国同盟会”成立大会。大会公推孙中山为总理，黄兴为协理，初设执行部、司法部和评议部。从此，中国第一个资产阶级革命政党诞生了。它的诞生，加速了中国民主革命的步伐，推动了反清斗争的进一步发展。

在同盟会一切筹备工作基本就绪，成立大会正式召开之前的8月7日，何香凝由孙中山、黎仲实二人介绍，在神田区她的住所举行了加盟仪式。这一天，何香凝格外兴奋，舒展的眉宇流动着青春的笑容，明澈的眼睛显得更加亮丽。她庄严地举起右手，用激动的声音按章宣誓：“当天发誓，驱除鞑虏，恢复中华，建立民国，平均地权，矢信矢忠，有始有终，如有渝者，任众处罚。”

何香凝成为孙中山在日本发展的第一批同盟会员之一。后人说她是第一位女盟员，也有人说是第二位。这都无关紧要，最重要的是何香凝加入中国同盟会之后，为反清救国、振兴中华做出了杰出贡献。

加盟仪式当晚，何香凝的心情久久不能平静。后来她回忆说：“兴奋激动得彻夜难眠。”

同年9月，丈夫带着一岁多的女儿廖梦醒从香港回到日本。“小别胜新婚”， 何香凝和丈夫、女儿抱作一团，激动地对丈夫宣讲同盟会的政纲，随后与黎仲实介绍廖仲恺加入同盟会。她还与丈夫再三互勉：跟着孙中山矢志不移地干革命！

女儿来了，给何香凝增加了照顾女儿的家务。为确保联络站的安全运作，何香凝有钱也不能雇请日本“女中”。而丈夫参加同盟会后，成为骨干，担任总部副会计长和外务部干事，还常译著文章，忙得不能兼顾家务。此时的何香凝还要继续读书，完成学业，这样她就更加劳碌了。

中医谚语说：忧伤肺，劳伤胃。果然，何香凝患上了胃病。先是浅表性胃炎，后来是慢性溃疡。胃病难医，她痛得难受。在后来漫长的革命生涯中，胃痛这个恶魔，像影子一样，伴随着她。然而，她有着坚强的意志和毅力，在与敌人作斗争的同时，还要同病魔作斗争。有一次，何香凝胃痛发作，脸色苍白，汗流如注。廖仲恺心疼地说：“你什么也别再干了，好好休养生息吧！家务、事务、照顾小孩包在我身上。”他给妻子喂药并熬了一小锅白粥，正要盛给她吃，小梦醒又淘气闹事了，偏这时又有两个同盟会员上门找他办事，廖仲恺顿感分身乏术。正无奈之时，耳边传来何香凝坚毅的声音：我能照顾自己和女儿，你去吧，革命的事一刻也不能耽误！

1906年摄于日本东京。前排左一廖梦醒，左三廖仲恺，左四何香凝，左五胡汉民。

八、悲愤难禁哭秋瑾

自从同盟会成立以后，孙中山多次策划组织反清武装起义。同盟会在国内各省的分会也纷纷揭竿而起，组织各种武装斗争，但都遭到清朝统治者的残酷镇压。其中，同盟会评议部评议员、浙江分会主盟人秋瑾于1905年底和何香凝握别后，从日本回到浙江绍兴即组织反清武装斗争，同样遭到镇压，且更为惨烈……

何香凝是在留学生一次开会的会场上结识秋瑾的。当时同盟会在日本的女会员只有她们两个人。两人理想一致，性格相近。志同道合的同志是不难成为知心朋友的，所以，她们虽然相聚和晤谈不过六七次（其中两次是在何香凝家中），却已建立了深厚友情。

何香凝和秋瑾的晤谈是颇为有趣的。何香凝一口粤语，而秋瑾说的是绍兴方言，虽搭进几句蹩脚的“国语”、“日语”并挥动手势，两人还是犹如鸡鸭对话。因此，她们每次交谈都离不开纸和笔，以笔谈为主。

她们除了谈论革命理想，也谈自己的婚姻家庭生活。秋瑾写给何香凝看的关于自己生活的描述是这样的八个字：“遇人不淑，身世飘零。”

何香凝先是一阵震惊，呆呆地凝视着秋瑾，后来才较为详细地了解到，秋瑾比自己年长两岁，系浙江绍兴县人，出身名门闺秀，幼年从其祖父母学过经史，工于诗、文、词，又好剑术，善骑马，性格“伉爽若须眉”，自称“竞雄”、“鉴湖女侠”，常衣着男装，腰佩倭刀，英姿飒爽。然而，这位被何香凝称之为“才略过人，同侪深为钦仰”的女子，却要奉父母之命，凭媒妁之言，嫁给湖南富商之子王廷钧。这个纨绔子弟不务正业，混迹官场和烟花柳巷，吃喝嫖赌，一身恶习。秋瑾鄙视丈夫的庸俗作风和醉生梦死的生活。1903年夏，她随丈夫到北京时，正值义和团反帝爱国运动爆发之后。帝国主义列强对中国又一次掠夺和洗劫，而腐败无能的清政府亦将大量的战争赔款再次转嫁于人民，致使民不聊生，国势日危。秋瑾看在眼里，痛在心上，萌生反清救国念头。经过一番痛苦的思想斗争，她毅然抛弃丈夫和封建家庭，变卖首饰筹集资金，取道天津留学日本。她通过黄兴结识孙中山，比何香凝稍迟20天加入中国同盟会，不久，被推举为同盟会评议部评议员和浙江分会主盟人。

腰配倭刀的“鉴湖女侠”秋瑾。

秋瑾重任在身，无法安心在日本读书，在日本仅一年多时间就返回中国，走上反清斗争第一线。而何香凝则继续留在日本东京，一边做好反清秘密联络站的服务工作，一边读书。1906年春，她完成日本女子师范学校预科的学业，经过考试，于同年4月13日，进入目白的女子大学博物科学习。

握别秋瑾之后，何香凝通过各种渠道关心了解秋瑾的情况，得悉秋瑾回国以后，积极开展革命活动，其中一项是为开通学风，提倡女学，于1907年1月在上海创办了《中国女报》，宣传妇女解放。随后秋瑾又回到绍兴，主持由光复会员、安徽巡警学堂会办徐锡麟创办的大通学堂。及至1907年深秋时节，国内突然传来了秋瑾壮烈牺牲的噩耗，何香凝与同盟会员及千千万万革命志士异常震惊和愤怒。

内部情况和新闻媒体透露：秋瑾以大通学堂为基点，与在安庆的徐锡麟遥相呼应，积极联系革命力量秘密组成地下光复军约六七千人，二人分任“首领”和“协领”，计划7月中旬在浙江金华举行反清武装起义。然而，因事机不密，此事月初即被两江总督端方侦知，过早暴露了目标，徐锡麟不得不提前于1907年7月6日在安庆就地仓促起义。当天，尚未知情的安徽巡抚恩铭前来安庆巡警学堂巡视毕业典礼，徐锡麟突然宣布“革命党起事”并带头举枪射击巡抚，恩铭身中七弹当场毙命。紧接着，徐锡麟率光复军30余人攻入巡抚，可惜安庆起义当天下午即被清军扑灭。徐锡麟被捕，当晚被剖腹剜心处死。顽强的秋瑾在绍兴得知徐锡麟遇害的消息后，抱定为革命牺牲的决心不肯逃走。7月13日，秋瑾被清廷逮捕。在严刑逼供下，秋瑾只说：“革命党人不怕死，欲杀便杀。”清廷逼其写自首书，她大义凛然，挥笔写下“秋风秋雨愁煞人”，表达了她对封建专制的痛恨和对革命受挫的惋惜。7月15日凌晨，年仅31岁的“鉴湖女侠”在浙江绍兴轩亭口刑场从容受斩，为实现同盟会政治纲领献出了年轻的生命。

何香凝对秋瑾“至深痛悼”，悲愤得不可遏止，伤心地痛哭起来。

廖仲恺从来没有见过妻子如此痛哭流泪，连忙安慰一番，并说：“我和你同样钦仰秋瑾。她死得其所，重于泰山。我们怀念她，但眼泪医治不了心灵悲痛，唯有化悲痛为坚强的意志和虔诚的信念，跟着孙先生，把反清斗争进行到底！”

何香凝擦干眼泪说："秋瑾的死是国仇，国仇不复，我死不瞑目，我们要在孙先生的领导下，做好工作为秋瑾报仇！为所有死难烈士报仇！"

秋瑾的牺牲令同盟会总理孙中山也很难过。他用沉重的笔为秋瑾写下"巾帼英雄"的悼念词，并号召同盟会员学习她为反对封建主义、争取民族解放而不怕牺牲的献身精神。

自此，何香凝终生难忘秋瑾，经常以秋瑾的言行鞭策自己和教育别人。

在鞭策自己方面，何香凝以秋瑾为人生楷模，她认为，秋瑾不仅是妇女解放运动的先驱，而且是中国近代"为革命而被砍头的第一个女烈士"，她的伟大行动给自己树立了光辉榜样。在后来漫长的革命生涯中，何香凝总是像秋瑾那样，意志坚定，临危不惧，大义凛然，铁骨铮铮。

"鉴湖女侠"秋瑾。（铜雕，中国国家博物馆展品）

在教育别人方面，何香凝以秋瑾为女革命者的典型范例，长期演讲秋瑾事迹。据中国留法学生、后来成为坚定革命者的刘天素在《良师、慈母——回忆在何香凝先生身边的日子》一文中说，何香凝旅居法国巴黎郊区时，每到晚上就给留法学生刘天素、曾庆集等讲些辛亥革命往事，其中特别着重介绍秋瑾的感人事迹，从她当初如何勇于同封建家庭的旧势力抗争，一直讲到她的英勇牺牲，留法的中国学生从何香凝的讲述中得到了启迪和力量，获益甚多。

后来，著名的历史学家尚明轩教授在评价何香凝和秋瑾这两位女中豪杰时，是这样说的："何香凝虽没有像秋瑾那样轰轰烈烈同敌人血刃相见的壮烈事迹，但她献给革命的是和秋瑾同样的一颗壮烈的心。所以，她要用秋瑾的光辉事迹教育后辈青年，希望他们继续为振兴中华而奋斗。"

九、劝君莫惜头颅贵

何香凝不仅用秋瑾的壮烈事迹鞭策自己，激励别人，还激励自己的丈夫。她为激励丈夫写下“劝君莫惜头颅贵”的名句，成为千古佳话。

廖仲恺加入同盟会后，成为同盟会骨干分子，积极投身反清救国的民主革命。他不仅担任同盟会总部副会计长、外务部干事，而且经常译著宣传孙中山的民主革命理论和探索社会主义的文章。此前，廖仲恺曾两次接受孙中山的委派，只身潜回国内，从事秘密的联络工作。一次是潜回广州参加了广东潮州黄冈起义的策划；一次是潜回天津和法国驻天津屯军参谋长布加卑建立联系，作为英文翻译驻在法国军营中，以翻译文件为名，筹设革命机关，发展革命力量。

丈夫每次秘密回国，何香凝总是以革命大局为重，毅然助其成行，但也免不了为丈夫的安全担心，每次依依惜别，都会暗中流泪。国内多次反清武装起义遇险阻，包括徐锡麟安庆举事等，都招致清廷疯狂反扑，更加凶残对待革命者，包括残杀革命女杰秋瑾等。所以，何香凝心中十分清楚，丈夫秘密回国，是冒着随时被捕甚至被杀头的危险的，但她总是每次都多加激励，又细心嘱咐。

1909年初夏，廖仲恺在日本中央大学经济科毕业，而何香凝因胃病、生孩子等影响两度停学，故尚未完成学业。廖仲恺思考着一个很现实的问题：是留在日本找一份工作陪妻子读书并照顾儿女呢，还是离开妻子儿女只身回国寻求救国之道呢？思考多天，他选择先行回国，便对妻子说：

“香凝，我们来日本留学快七年了，的确学到不少在国内学不到的东西，特别是结识了孙中山先生和一批志士仁人，探索了革命真理，走上了革命道路。如今，孙先生和他的战友们在为推翻腐败的清廷而出生入死、到处奔走，我总不能只陪伴在你的身边……”深明大义的何香凝打断丈夫的话：“你不用顾虑我。好男儿志在四方！国内反清斗争需要各种人才。你放心回去吧，我留下来定能继续完成学业并照顾好醒女、承儿的。”31岁的何香凝抱着未满一周岁的宝贝儿子廖承志，手牵年仅五岁的女儿廖梦醒，与丈夫依依惜别，泣不成声。廖仲恺深情地凝望着妻子儿女，一一吻别，免不了一阵心酸。何香凝也深知丈夫难过，但一想到秋瑾等革命烈士的国仇未报，想到千千万万同胞在受苦受难，想到中华民族面临危亡，便浑身热血沸腾，当即吟诗激励丈夫：

国仇未复心难死，
忍作寻常泣别声。
劝君莫惜头颅贵，
留取中华史上名。

这首诗情深义重，悲壮慷慨，充满浩然正气，抒发了何香凝大义凛然，劝勉丈夫为国家民族而不惜抛头颅、洒热血的壮烈之情。

1909年6月，廖仲恺怀揣着妻子深切的期盼，回到多灾多难、反清斗争形势十分复杂的祖国，紧接着赴北京参加留学生科举考试，考中法政科举人。

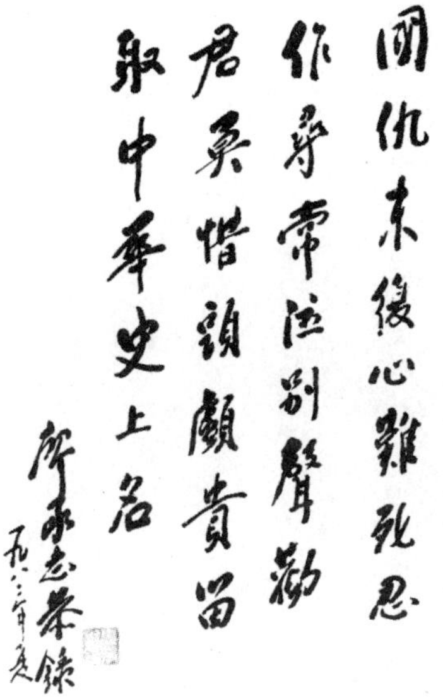

何香凝写诗激励丈夫“劝君莫惜头颅贵”。（1982年廖承志恭录此诗，真迹藏廖仲恺何香凝纪念馆。）

何香凝故事

在清朝统治摇摇欲坠的年月，不少革命党人通过各种途径潜伏在清廷。廖仲恺走的也正是“入清廷握政权以完成革命之工作”的危险道路。他利用法政科举人的身份作掩护，进入吉林巡抚边防督办陈昭常公署担任翻译工作，掌握了不少清廷机密。

自从廖仲恺回国后，何香凝时刻牵挂着丈夫。反清斗争形势越来越复杂，不断传来革命党人受挫的消息。1910年2月，广州新军起义爆发，由于准备不足，孤立无援，起义失败，阵亡百余人。革命党人黄洪昆等被捕牺牲。清廷还到处大肆搜捕革命党人。在东京的何香凝很担忧丈夫的安全，常常一人倚立楼台凭窗眺望，深深地思念着远在国内白色恐怖下进行隐蔽反清战斗的廖仲恺。她饱含深情写下了这样的诗词，寄给丈夫：

悄向阶前立，
愁看皓月圆。
空愁千滴泪，
流不到郎边。

风已起，
帘外柳花飞絮。
月照危栏人独倚，
忽闻双燕语。
添我闲愁几许！
回首故人何处？
更那堪云山万里，
谙天涯情味。

接到妻子的诗词和信函，廖仲恺受到慰藉和激励，大胆而谨慎地开展工作。他的上司吉林巡抚陈昭常乃惠阳客家人，一口官腔带着浓重的客家音。廖仲恺入职后，工作兢兢业业，得到上司好评。一次，他故意在巡抚大人面前说了几句纯正的惠阳客家话，巡抚大人一听，马上对这位英语流利的年轻翻译员另眼相看，也用纯正的乡音喊了一句：“自家人！”自此，廖仲恺趁机利用这层特殊但又很脆弱的关系作掩护，在吉林、营口开展秘密的联络、掩护和协助革命党同志等工作，其中常与潜至吉林从事反清工作的林祖涵（又名伯渠，后为共产党高官）、宋教仁一道，密商反清武装起义事宜。当时，林祖涵和宋教仁联络流落山林以“抗官济民为志”的“马军”参加反清斗争，不久被清廷侦知，林祖涵转移湖南，宋教仁出走日本，而廖仲恺因为有巡抚大人的“保护伞”，得以继续潜伏下来。

但巡抚陈昭常毕竟是效忠清廷的鹰犬。有一次，他察觉潜伏在清廷巡抚公署的同盟会会员吴禄贞暗中进行反清活动的行迹，准备将其调走进而处死之，幸得廖仲恺及时从中斡旋，才相安无事。

就这样，廖仲恺在妻子何香凝“劝君莫惜头颅贵”的激励下，做了很多有利于反清活动的工作。

廖仲恺“身在曹营心在汉”。他深切思念在海外奔走革命的孙中山，思念在国内随时与清军血刃相见的战友，更思念远在东瀛志同道合的妻子。这一年冬天，他感到天气特别寒冷，挥笔写下《吉林岁暮杂感》，以诗感怀明志，寄给妻子：

卅载蹉跎误，天涯惜此时。
气寒冰上鬓，腊尽鼓催诗。
历历过来事，悠悠乡国思。

穷边春不到，慢说物华移。
兀坐了无趣，萧齐守岁阑。
孤枕鸳梦冷，云远雁行单。
松柏励初志，风霜改素颜。
遥知南岭表，先见早春还。

何香凝对丈夫的诗词爱不释手，反复吟诵，从中领略丈夫的深厚感情和革命大志。她与丈夫通过诗词交流感情，互相激励斗志，成为革命、文坛的史上佳话。据不完全统计，何香凝和廖仲恺在后来雄关漫道的革命征途上，留下的诗词有90多首。虽然数量不多，但都志趣高古，格调高洁，正气浩然，激情高昂，洋溢着“天下为公”的磅礴大气。纵观他们诗词所涉时空大事，总与其革命生涯息息相关，交相辉映。他们的诗言志、言情、言理，无论运用赋、比、兴手法抑或直抒胸臆，均感人肺腑又催人奋进。“劝君莫惜头颅贵”（何诗）和“后事凭君独任劳”（廖诗），尤其折射出“是七尺男儿生能舍己，作千秋鬼雄死不还家”的铮铮铁骨和视死如归的革命精神。

十、为了革命学美术

为了推翻清朝统治，以孙中山为总理的同盟会频频在国内组织武装起义，很多准备工作都是在何香凝家里部署的。每次武装起义都需要准备军旗、安民告示花样和军用票图案等，因而需要人搞图案设计，把它画出来。有一些就是何香凝在孙中山的指导下，描绘和刺绣缝制的。

何香凝自小酷爱诗、书、画，心灵手巧。如今，能为反清武装起义搞图案设计，描绘和刺绣缝制军旗，她感到很高兴，但也感到对一些图案的设计、描绘心有余而力不足，于是萌生了学美术的念头。她对丈夫说：“仲恺，我想学美术，革命成功后也会派上用场的。”

廖仲恺说：“好呀！你在女子大学攻读博物科也快毕业了，再学美术也有一些基础。美术领域广泛，日本画、中国画都源远流长。不过我更爱中国画，它是中华文化的精粹，易学难精，但我相信你一定能学好的。”

何香凝听到丈夫的支持，很是开心地说：“我一定认真学，既学日本画，更学中国画，两者是基本相通的。你快为我物色学校吧。”

1908年4月，何香凝在丈夫的支持和帮助下，进入东京私立的本乡女子美术学校日本画科高等专科学习，师从端管子川，在学习美术理论的基础上，专攻山水、花卉。她学画兴趣甚浓，刻苦用功，在彩画、新案、临摹、写生等课程的考试中均获高分，受到老师的称赞。

在美术学校学画的同时，何香凝还在校外拜请名师田中赖章，被其收为“入室弟子”，坚持每周两次上门学画。田中赖章（1868—

1940），又名赖章，本名大治郎，字公敬，号丰文，日本文部省美术展审查员，日本帝室画师，以日本与西洋画技巧描绘日本题材的作品著称。何香凝师从他主要学习狮虎画等动物题材绘画和日本画。

日本本乡女子美术大学。其前身是何香凝入读的美术学校。

何香凝这段时间的专业学习经历，为其打下了艺术创作的坚实基础，形成了开阔的艺术视野和思维。山水、花鸟和动物也因此成为她艺术创作中最为主要和重要的题材。

镜头回溯至1908年秋天，凉风习习，东京已开始转冷。何香凝的第二个孩子即将临产。一身厚衣、大腹便便的何香凝，走动很不方便。尽管如此，她仍坚持每天练笔习画数小时。廖仲恺一边为她收拾“文房四宝”，一边劝说：“你也该好好休息一下了，不然肚子中的宝宝要抗议了。”

何香凝笑道：“才不会哩！我的宝宝在腹中伴着妈妈作画，将来也一定和妈妈合力作画的……”

1908年9月25日（阴历八月二十七日），何香凝在东京大久保寓所生下一个胖娃娃，是男孩！受“重男轻女”传统思想影响较深的她比丈夫还要兴奋，激动地说：“仲恺，你有‘后’了。快给孩子起个好名。”

廖仲恺略加思索，说：“叫‘承志’吧。”

何香凝立马赞同：“好，承志，承志，既承父志，也承母志，跟你革命，跟我作画。相信我们的宝贝儿子将来比我们更好，更有出息！”

廖仲恺平静地说："但愿如此，一代胜过一代，社会才有进步……"

1908年冬，何香凝全家在东京留影。

后来的事实证明，廖承志的确继承父母大志，和共产党人一道，完成孙中山、廖仲恺和何香凝未竟的革命事业，一代胜过一代。廖承志晚年是中共中央政治局委员、全国人大常委会副委员长。更令何香凝欣喜的是，多才多艺的廖承志果然多次和母亲合作绘画。他画的人物栩栩如生，给何香凝的山水画增辉添彩。这是后话了。

廖承志出生后，何香凝心情大好。原来的胃病也减轻了，为革命学美术的劲头更足了。她请了一位善良而刚强、名叫"叶姨"的日本少妇给廖承志当乳母，而自己则集中更多的时间和精力学画、绘画。何香凝学画，很注重素描和写生，因为素描和写生是一切美术的基础。她为打下扎实基础，常常每天对着静物、动物、花鸟、山水素描或写生几个小时，乐此不疲。经过刻苦训练加上名师指点，她的绘画技艺提高很快。

1909年，何香凝和儿子廖承志在东京。

在何香凝早期的绘画作品中，有明显的日本画风格，强调色彩和气氛的表现，工笔和写意结合，笔致圆浑细腻，设色清丽秀雅，施粉精妙，意趣生动。据史料记载和流传下来的画作证实，1910年，何香凝曾分别向“狄伯先生”和“克强先生”赠送一幅“处女作”。其中赠送给“狄伯先生”的是一幅风景画，远山近树，轮廓温润，层层渲染，意境高远，趣味盎然；而赠送给“克强先生”（即黄兴）的是一幅虎画，画中可以看到深沉墨色线条表现的虎纹强劲有力，肌肉的塑造坚实，虎尾甩出草丛，主体突现蓄势待发之态，充满力量感。学画仅两年的何香凝能画出如此精妙的“处女作”，实在难能可贵！

1911年春，何香凝从日本东京本乡女子美术高等专科毕业。当时，由于革命时机日益成熟，在日本的中国同盟会会员纷纷回国参加埋葬清王朝的最后战斗。时年32岁的何香凝也心急如焚。她早就函告丈夫，希望他能从吉林前来日本结伴回国。廖仲恺向巡抚大人请了短假到达东京时，何香凝刚考完毕业试，但未举行毕业典礼。

“等几天吧，你还未领到毕业证书哩。”廖仲恺说。

“不等了，证书只是一张纸。”何香凝说，“国内反清斗争形势的发展瞬息万变，需要我们随时应对，还是早点回国吧。”

就这样，何香凝和丈夫于1911年2月携带七岁的醒女和未满三岁的承儿坐轮船回到祖国，暂居香港摩罗上街何香凝的娘家。

留学九年归来的何香凝，完全变成另一个人了。当年养尊处优、深居简出的大家闺秀，如今已是带着两个孩子、走南闯北的成熟母亲；当年是个初涉诗、书、茶知识的九小姐，如今却是懂得救国真理并有献身精神的革命者。在父亲何载、母亲陈二看来，何香凝样貌改了，服饰改了，只是倔强性格未改。母亲说：“和孩子安心在家住，吃穿不用愁。”

不久，由于同盟会会员汪精卫在北京行刺清廷摄政王未果被捕入狱，他的妻子陈璧君准备女扮男装赶往北京营救。何香凝闻讯对陈璧君

表示慰问和声援，因在日本留学时，她们都是同志和朋友。当陈璧君请求何香凝代为照管在香港的住宅时，何香凝欣然答应，携梦醒、承志移居鹅颈桥陈宅。廖仲恺则返回吉林巡抚公署，仍任翻译，继续掩护革命工作。

由于孙中山不断奔走呼号，以及遍布17个省的同盟会会员秘密联络发动，反清斗争风起云涌，封建专制大厦已摇摇欲坠。1911年4月27日（即中国农历辛亥年三月二十九日），广州黄花岗起义爆发，犹如一声春雷，拉开辛亥革命的序幕。何香凝无比兴奋但又异常悲痛，因为她回国前在日本与准备参加广州起义的同盟会会员方声洞等热血青年共诉壮志未酬、国仇未报、死不瞑目的衷情，如今，以方声洞为代表的七十二烈士长眠黄花岗，大有“出师未捷身先死，长使英雄泪满襟”之慨叹啊！何香凝沉痛悼念战友，还思考着如何慰抚方声洞烈士遗孀王颖。

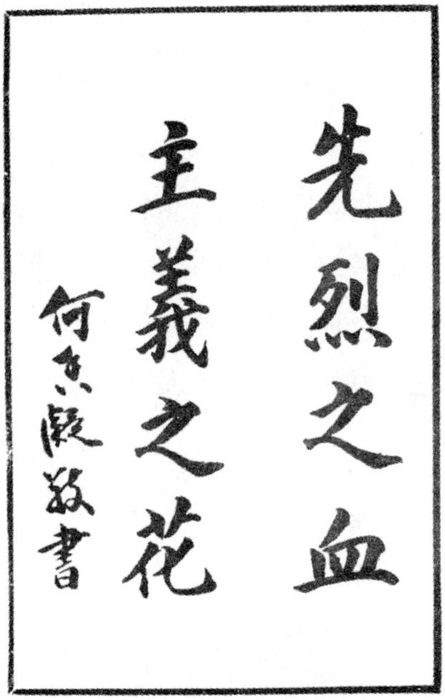

何香凝为辛亥革命先烈题词。

1911年10月10日，武昌起义爆发。这是何香凝听到辛亥革命的第二声响天雷。随后，各地革命党人闻风响应，顿时大江南北、长城内外，到处燃起了反抗清王朝的烈火，仅一个多月功夫，全国24个省区中已有湖北、陕西、山西、湖南、广东等14个省区相继宣布独立，共同敲响了清王朝灭亡的丧钟。

当武昌起义成功时，何香凝怀着喜悦的心情立刻发电报告知丈夫。廖仲恺便匆匆离开当时还受清廷残余势力控制、革命势力一时尚难取得胜利的吉林，只身南下，回到刚刚宣布脱离清王朝而独立的广东省城广州。接着，他又被成立不久的广东军政府都督胡汉民先后任命为军政府枢密处参议、财政部（后改称“财政司”）副部长。

何香凝随即从香港来到广州与丈夫会合，此后一直待在廖仲恺身边。由于她胃溃疡旧病复发，身体情况实在欠佳，所以没有在革命新政权里担任什么实际工作，只在家中练习绘画，照顾小孩，操持家务，以减轻廖仲恺的内顾之劳，使他得以专心从事新政权工作。

然而，革命不可能一帆风顺，而是风云变幻的。一场新的斗争在等待着廖仲恺、何香凝这对革命夫妻……

辛亥革命后，广东军政府（咨议局）旧址。何香凝多次到此活动。

十一、反袁斗争意志坚

1912年元旦，中华民国在南京宣告成立，孙中山宣誓就职中华民国临时大总统。这标志着统治中国268年的清王朝被推翻，自秦以来延绵2133年的封建帝制最终结束。

无疑，这就是辛亥革命最伟大的历史功绩，而领导辛亥革命的同盟会总理孙中山是推翻帝制的民族英雄。作为孙中山的忠实追随者，何香凝为辛亥革命的胜利而欣喜。但她万万没有想到，辛亥革命的胜利果实很快就被一个政治野心家篡夺了，这个人就是袁世凯。

袁世凯因镇压义和团反帝爱国运动有“功”，被清廷拔擢为直隶总督及主持北洋常备军（简称“北洋军”）的北洋大臣，成为清王朝中最有实力的人物，是慈禧太后的宠臣。他不但嚣张跋扈，无法无天，更隐藏着篡夺帝位的野心。他把主张进步维新运动的光绪皇帝欺侮得犹如臣子一样。直到1908年，光绪、慈禧太后相继去世，宣统继位之后，连皇帝也怕他三分的袁世凯才被光绪的弟弟摄政王载沣逐回原籍河南项城“养病”。

武昌起义的枪声一响，14省区相继独立，已预告清王朝必亡。但清王朝还企图做垂死挣扎，在帝国主义列强公使团的授意下，又起用袁世凯，先后任命其为湖广总督、内阁总理，让他重新掌握一切军政大权。他控制北方尚未独立的10个省区，与孙中山为首的南方革命势力对垒。他在帝国主义的支持下，一方面借南方革命势力要挟清朝皇帝退位，另一方面持北方势力威迫南方革命党人交权。但他也知道，要挟清帝退位，易如反掌，而威迫南方革命党人交权就不那么容易了。于是他施展阴险狡诈的反革命两手：一方面在战场上猛攻南方革命势力，一方面又放出“和平”烟幕，表示愿意南北议和谈判。袁世凯软硬兼施，加上英帝国主义出面对南方施加压力，果然把不少革命党人诱进了他“和平”的圈套。1911年11月30日至12月3日，于汉口英租界举行的独立14省都督府代表会议上，在立宪派的策动和部分革命党人的赞同下，会议竟作出了袁世凯如反正即举为临时大总统的决议。袁世凯闻讯后暗自得意：皇帝梦看来可圆了。

突然，晴天霹雳，南京临时政府成立，孙中山被选为临时大总统，对袁世凯来说，简直是当头一棒，气得他暴跳如雷。

袁世凯以发抖的双手捧着登有孙中山就职誓词的报纸，火红的眼睛紧紧盯着孙中山以“孙文”签署的誓词的每一个字：

倾覆满洲专制政府，巩固中华民国，图谋民生幸福，此国民之公意，文实遵之，以忠于国，为众服务。至专制政府既倒，国内无变乱，民国卓立于世界，为列邦公认，斯时文当解临时大总统之职。谨此誓于国民。

袁世凯的贼眼在“斯时文当解临时大总统之职”一句上溜来溜去，以小人之心度君子之腹，对孙中山的“解职”誓言完全不相信。他眉头一皱，计上心来，要出狡黠阴险的另一手。他召集紧急会议，唆使北洋将领冯国璋、段祺瑞等40余人通电主张君主立宪，反对共和，反对孙中山的“非法选举”。同时，他密令汉口一带的北洋军向南方政府的民军展开强大的军事攻势，并召回已到南京议和的北方代表唐绍仪，以中断和谈相威胁，企图压服南方革命势力。

当时，以孙中山为首的革命党人还缺乏政治斗争经验，在革命党内外普遍主张议和妥协，加之中外反动派又勾结夹攻，他们也动摇了。孙中山认为，推翻帝制，建立共和，便于愿足矣！岂能以个人权位之争使人民遭受战争的涂炭？于是，孙中山按照南北双方协议，向袁世凯妥协。2月12日，袁世凯以“逼宫”手段，威逼末代皇帝溥仪下诏退位。2月14日，孙中山向临时参议院提出辞去临时大总统之职，并推荐袁世凯代替。3月11日，尚未正式解职的孙中山公布《中华民国临时约法》。4月1日，孙中山正式把政权交给袁世凯，铸成了历史性错误。

何香凝对孙中山辞职大惑不解，丈夫廖仲恺对她说：“孙先生不愿再事兵戎，伤及国民。如今国家政体问题解决了，民族、民权也实现了，当前的主要任务是振兴实业，发展物力，实现民生主义。”何香凝说：“孙先生为国为民着想，大公无私，胸怀坦荡。他要怎样做就怎样做吧，你我永远跟着做就是了。”

4月3日，廖仲恺专程到南京陪同已解职的孙中山南下，先后在武汉、上海、福建考察实业，于5月回到广州。胡汉民、廖仲恺等恳请孙中山留在广州帮助领导广东工作，以便把广东建成中华民国“模范省”。孙中山应允后，廖仲恺把他请到家中做客。何香凝见到已阔别三四年的孙中山甚为高兴，连忙把醒女、承儿唤来：“快叫孙叔公。”两个小孩你一声我一声，叫：“孙叔公好！”孙中山心情大为舒畅，对何香凝夫妇畅谈起实业救国、和平建设的设想。然而，这只是一厢情愿而已，惯耍两面派阴谋的袁世凯还做着皇帝梦，暗中磨刀霍霍。为麻痹革命党人，1912年8月24日，袁世凯隆重邀请孙中山入京共商国是，以迎接国家元首的礼节接待。

1912年8月25日，孙中山、宋教仁、廖仲恺等同盟会革命党人，联合统一共和党、国民公党、国民共进会及共和实进会在北京湖广会馆召开大会，正式宣布五党合并，成立国民党。成立大会推举孙中山为理事长，黄兴、宋教仁等8人为理事。

同年9月11日，黄兴也到达北京。被蒙在鼓里的他还和孙中山一起极力劝说袁世凯加入国民党，以期组成国民党内阁。老奸巨猾的袁世凯虚以逢迎，骗取孙、黄的信任，而暗中加紧磨刀。

1913年3月12日，廖仲恺从广州到上海，和黄兴、宋教仁、于右任等共商宋教仁赴京力争组织国民党责任内阁的计划。3月20日上午10时许，廖、黄、于等到上海车站为国民党代理理事长宋教仁赴京送行。10时45分，当宋教仁和廖仲恺并肩走向车站月台时，突然一阵密集的枪声响起，罪恶的子弹向宋、廖飞去，宋教仁中弹倒地，廖仲恺幸免于难，月台顿时大乱，凶手借机逃遁。廖、黄等人扶起血泊中的宋教仁急送医院抢救。由于凶手使用的是毒弹，抢救无效，宋教仁于两天后溘然长逝。

革命党人很快查明，暗杀宋教仁的幕后主使正是袁世凯和他的国务总理赵秉钧。

暗杀宋教仁的枪声震惊朝野，更惊破了孙中山等国民党人寄共和希望于袁世凯的迷梦。

孙中山、黄兴和廖仲恺等人在上海召开紧急会议，沉痛总结教训，决定武力讨袁（史称“二次革命”）以捍卫民主、共和，维护《临时约法》，由此拉开“反袁护法”斗争的序幕。

1913年4月底，廖仲恺风风火火赶回广州向广东军政府都督胡汉民传达了上海紧急会议“反袁护法”的精神。廖仲恺回到家中，跟妻子谈到宋教仁被害时，何香凝极为愤慨，拍着桌子大骂袁世凯，表示要

坚决参加孙中山领导的反袁斗争行列。廖仲恺在广州活动四五天后，接到孙中山密令要到北京策动国会议员投入反袁工作。临行前，何香凝拿出一幅自己的作品《猛虎咆哮图》请丈夫看，并说：“这次赴京，使命严峻。到袁贼老巢发动反袁，犹如虎口拔牙，老虎头上捉蚤。革命者虽不怕死，但也得小心呀！”廖仲恺平静地说：“中国有句古话：明知山有虎，偏向虎山行。我还记得，反清时，你曾给我写过‘劝君莫惜头颅贵’的诗。放心吧，我会见机行事，随机应变的。”

何香凝依依送别丈夫。同年5月，廖仲恺抵达北京后，立即秘密联络多位国会议员，串联策动反袁工作。正如何香凝所料，袁世凯的确是一头咆哮的猛虎。他为了巩固他的独裁统治进而复辟帝制，千方百计网罗鹰犬，布置密探。廖仲恺潜赴北京活动不久即被侦知，在他们准备捕人的黑名单上已经写上了廖仲恺的名字。在袁世凯下令对革命党人大肆搜捕的前夜，廖仲恺幸得友人报信，机智逃脱，借道天津，辗转回到广州。而几天前被廖仲恺策动过的国会议员伍汉池则在这次大搜捕中被捕，惨遭杀害。

大搜捕后，袁世凯彻底撕下“拥护共和”的假面具，肆意践踏《中华民国临时约法》，赤裸裸地拿起屠刀杀向革命党人。1913年6月，他明令罢免均为国民党人的江西都督李钧烈、广东都督胡汉民、安徽都督柏文蔚等。至此，辛亥革命成果几乎全部化为泡影。

孙中山虽然在上海“紧急会议”上做出武力讨袁的决策，但组织相当涣散的国民党领导高层仍存在异议。有的寄希望于“法律解决”，有的寄希望于通过关系斡旋。党内的意见分歧，令孙中山的武力讨袁“速战”计划无法实现。在孙中山再三奋力推进下，1913年7月13日，李钧烈才在江西湖口举兵讨袁，爆发“二次革命”。五天内，湖南、安徽、上海、广东等省也相继有军事行动。由于国民党领导无法统一指挥，反袁斗争难以汇成革命洪流。而袁世凯在短时间内就把反袁军镇压下去，并通缉孙中山、廖仲恺等革命党人。

何香凝听到“二次革命”失败的消息，对袁世凯更加恨之入骨。但她坚信倒行逆施者必亡，对革命前途仍充满信心。她安慰丈夫，与丈夫商议逃亡计划，提出先到香港娘家避风。逃亡途中，她还乐观地和丈夫开玩笑：“仲恺，你的头颅值多少钱？”廖仲恺说：“听说，袁贼悬赏一万元。”何香凝笑道：“噢，真贵！按现在的市价算，值两千头牛呀！”廖仲恺也笑了。

廖仲恺、何香凝携带九岁的女儿和五岁的儿子到了香港。港英当局视廖仲恺为政治犯，不允许他在香港居住，限48小时内离境。廖仲恺无可奈何地对妻子说：“你留在香港照管小孩吧，我到日本去，估计孙先生也会到日本。我们将在海外重聚，为反袁护法、捍卫共和奋战到底。”

何香凝本来可以安稳地在香港娘家食住无忧，但她一想到革命尚未成功，便毅然决定随丈夫逃亡日本。她坚定地说：“我要和你在一起，永远追随孙先生，哪怕上刀山，下火海，也在所不辞！”

就这样，她又匆匆告别年迈的双亲，带上儿女跟随丈夫逃亡日本去了。

十二、落难不坠青云志

何香凝随夫抵达非常熟悉的东京之后，在千驮谷附近的青山七丁目安了家。房子狭小，只有两个房间，一家四口挤睡一间，另一间用作会客吃饭。家私设备除了坐睡共用的“榻榻米”和茶几外，再无他物，每月房租20元。

日本友人来访，见居室如此简陋，不禁惊讶，问何香凝：“廖先生不是当过一年广东军政府财政司司长吗？”她说：“是啊！不过他管的是政府的钱，全用于政务，据我所知，广东军政府瓦解前，他便从官库转拔出港币250万以应公急，个人分文不沾，家用也是我娘家的钱。”

日本友人见廖仲恺何香凝夫妇如此廉洁奉公，深为感动，便送了一张画桌和椅子给何香凝，供她闲时作画之用。何香凝为答谢日本朋友，后来给他的妻子宫崎夫人赠送了一幅《菊》。她在这张画桌上，还先后画了狮、虎、猿、马、鹿等动物画，艺术水平进一步得到提高。

廖何夫妇抵达日本不久，即接到日本友人的情报：孙中山即将来日，但面临危险。原来，孙中山武力反袁受挫后，决定到日本重新组织反袁力量。而袁世凯通过中国驻日使馆收买刺客，组成“暗杀团”，企图在孙中山抵达日本时加以暗害。幸得犬养殿、宫崎滔天、头山满等日本友人帮助，一方面把情报告知廖仲恺等逃亡日本的国民党人，一方面组织了“刺客击退团”及早进行防范。

廖仲恺接获情报后，与夫人商量如何加入迎接和保护孙中山的行列。他说：“你在家看管好小孩，我去东京火车站迎接保护孙先生。”何香凝说：“我也要加入战斗。保护孙先生多一个人多一分力量。”8月17日，何香凝嘱咐女儿留家看管好弟弟，便与丈夫汇合犬养殿等多位日本友人赶到东京火车站，迎接从神户港口到达东京的孙中山。何香凝眼观四路，耳听八方，和廖仲恺等国民党人及日本友人机警地护着孙中山，迅速地走进预先准备好的小汽车。“暗杀团”和“刺客击退团”在外围暗中对峙，幸未枪战。廖何夫妇等接到孙中山后，又机警地避过“暗杀团”的跟踪追击，一同乘车平安到达青山四目寓所。

孙中山的寓所与廖何夫妇的寓所相隔只有几分钟路程。从此，他们密切来往，联络在东京的其他国民党人，筹备新一轮的反袁斗争。

孙中山认为，“二次革命”反袁斗争失败的原因，是国民党内部无组织、无纪律，不服从统一指挥所致。于是，他酝酿筹备一个下级必须服从上级，大家必须绝对听从他指挥的“中华革命党”，以继续进行反袁斗争。他还规定入党者都要用中指按手指模，立誓约，绝对服从孙中山。这种做法受到黄兴等老革命党人反对，他们宁可离开孙中山，也不愿意履行这一手续。廖仲恺对履行这一手续也略感不妥，犹豫起来，而何香凝则认为，孙中山出于对组织严密的考虑，建立铁的纪律，履行这种手续也情有可原。她表示：我听孙先生的。就这样，她和丈夫于1914年5月12日，履行孙中山规定的手续，毅然加入以捍卫共和、坚决讨袁为宗旨的中华革命党。在此前后加入该党的还有陈其美、谢特、居正、冯自由、许崇智、张静江、邓铿等100多人。同年7月，中华革命党在东京正式成立，组织发展至高峰时有四五百人。

孙中山担任中华革命党总理，廖仲恺任财政部副部长。何香凝积极

配合丈夫工作。当时，中华革命党的中心任务是揭露袁世凯破坏《临时约法》、阴谋复辟帝制和卖国的罪行，以唤起民众再举革命，打倒袁世凯。

1915年5月，当袁世凯卖国政府与日本签订二十一条丧权辱国条约的消息传到日本时，中华革命党人甚为激愤，表示坚决反对“二十一条”，更全力促进反袁。其中，何香凝最为激愤，她多次参加中国留学生集会，满腔热情地进行演讲宣传和鼓动工作，揭露袁世凯的卖国罪行，并大声疾呼要“以祖国利益、民族大义为重，坚决反对日本帝国主义侵略中国”，号召大家行动起来打倒卖国殃民的袁世凯政府。有一次演讲，何香凝讲得特别激昂，端庄秀丽的圆脸涨得通红，神采飞扬的眼睛泛着泪光，强而有力的声音几乎沙哑，还大幅度地挥动手势，令在场的中国留学生深受感动。演讲完毕，有一位苏姓的留学生悄悄地对她说：“我们居住在日本，不宜太过激烈反对日本政府吧？”

何香凝不以为然地说：“只要明天还能喊出声音，我还是要来演讲。”

1915年夏末秋初时节，东京已凉风习习。何香凝的爱国热情依然高涨。她知道，丈夫不久前参加了孙中山召开的中华革命党部长级会议，会议决定组织中华革命军，党的骨干纷纷潜回祖国，部署成立东北军、东南军、西北军、西南军四个司令部，加紧武力讨伐袁世凯。为了筹备讨袁经费，丈夫又要潜回国内奔走筹款了。临行前，何香凝对丈夫又是激励一番，最后说：“反袁如打虎。虽说不惜头颅，但也望君多加保重，胜利属于我们！”

廖仲恺在妻子的激励下，潜回国内奔走于上海、广东等地筹款，成为中华革命军最得力的军需官。

廖仲恺和何香凝逐渐成为孙中山最得力的助手、最亲密的战友甚至是最诚挚的朋友。在孙中山和宋庆龄婚恋的问题上，何香凝摒弃世俗的偏见，表示理解、支持乃至给予特别的帮助。1915年10月，孙、宋结婚时，由于一些革命党人和亲朋的反对、阻挠，参加婚礼的人寥寥无几，幸得何香凝担任主婚人，一家四口登门热烈祝贺，诚挚祝福，使原本冷冷清清的场面变得充满欢声笑语。孙、廖两家深厚的战友情谊，是他们共同的精神财富，无论在革命工作或个人生活方面，他们都相互理解和支持。

1915年12月，袁世凯公然宣布恢复君主制度，僭称“洪宪”皇帝。上至军政要员、开明绅士，下至凡夫走卒，无不义愤填膺。原拥护袁世凯武力统一维护中央集权的云南军政府都督蔡锷，机智地摆脱袁世凯的控制，从北京经天津辗转回到云南率部起义，一马当先，北上讨袁。在中华革命党领导的革命军四个司令部的推动下，反袁战争风起云涌。何香凝支持丈夫加紧筹备军需，仅1916年3月下旬，廖仲恺就一次为驻青岛的中华革命军东北军司令部筹集了驳壳枪549支和子弹9万余发、机枪5挺和子弹5万余发，有力地支援了讨袁战争。

在中华革命军的多次打击和蔡锷等领导的护国军的凌厉进攻下，做了80多天皇帝梦的袁世凯不得不于1916年3月22日宣布取消帝制。

同年4月9日，樱花盛开，阳光绚丽。何香凝一家喜气洋洋地出席了孙中山在东京主持召开的庆祝袁世凯帝制失败的小型集会——“帝制取消一笑会”。孙中山、宋庆龄同何香凝一家以及应邀出席的九位日本友人一一握手。孙中山此时心情澎湃，严峻的脸庞绽开笑容。他特别向廖仲恺、何香凝点头，然后把九岁的廖承志拉到跟前留影，还对大家说：“革命尚未成功，要子承父志，靠我们的下一代了！”

1916年3月，何香凝（前排右三）出席东京集团，庆祝反袁世凯斗争胜利。

为了进一步推动国内反袁斗争，孙中山夫妇在廖仲恺、戴季陶等人陪同下，于1916年5月初从日本回到上海。不久，何香凝尾随孙、廖之后，也携子回到上海，继续从事秘密的反袁活动。

1916年6月6日，窃国大盗袁世凯在全国人民的唾骂声中抑郁而死，真是“机关算尽太聪明，反误了卿卿性命”！袁死后，北京政权落入北洋军阀手中。打着“再造共和”旗号进行招摇撞骗的段祺瑞，不过是“借共和之目，行真专制之手段”的政客。因此，孙中山等革命党人不得不为捍卫共和而进行新的斗争。

何香凝一家回到上海后，先暂住在海军军官彭春源家中，稍后就移居环龙路63号（今南昌路59号），与孙中山夫妇、朱执信等住在同一大寓所，追随在孙中山左右。而这寓所对面的44号房子，便是他们进行革命活动的事务所、办公室，同时也是陈少白及秘书连声海的寓所。这样，他们之间朝夕相处，密切联系，进行革命活动极为方便。

1917年6月，何香凝（左三）、宋庆龄（左四）等在上海环龙路孙中山住所门前留影。左一为廖承志，左二为廖梦醒。

当时，何香凝积极参与孙中山领导、安排的各种活动。据她后来回忆说，孙中山深感没有武装力量，不足以与北洋军阀抗衡，所以多次与时在上海的北洋海军总长程璧光磋商，希望海军也参加“护法”行列。廖仲恺协助孙中山策动海军军官彭春源等南下广州护法，而何香凝则分工做海军的妇女家属工作。她在哈同路的寓所里接待一些海军家属，对她们讲解捍卫共和、南下护法的必要性，收到极好的效果。

7月6日，孙中山夫妇、朱执信、章炳麟等先行南下广州，公开打出“护法”旗号，以维护民国元年颁发的《临时约法》和恢复国会为号召，筹备护法军政府。而廖仲恺、何香凝则暂时留守上海，继续做策动海军和国会议员南下以及筹措经费等工作。留守上海期间，何香凝为发展护法力量又去了一趟日本并在中国留学生中召开讨逆大会，在会上发表演说，号召人们不仅要反对复辟，还要建设真正的共和国家。她呼吁妇女也要“尽国民一份子之责任”，指出：“国家兴亡，匹夫有责，女子且然，何况男子。”1917年7月15日、16日的《民国日报》、《时报》对何香凝等人的演讲都作了如实报道，反响热烈。

何香凝和丈夫为发展护法力量和筹措经费做了大量工作，得以促使程璧光率领海军7艘炮艇以及遍布上海、北京等地的国会议员120多人南下广州。

1917年9月1日，孙中山在广州成立中华民国军政府时表示：“当竭股肱动，攘除奸凶，恢复约法，以竟元年未尽之责，雪数岁无功之耻。”（见孙中山《就陆海军大元帅职答词》）一个同北方段祺瑞卖国反动政权针锋相对的新政权正式成立。时在上海的何香凝夫妇闻讯欣喜若狂，第一时间处理未尽事宜后，于9月18日急赴广州协助孙中山。

当何香凝再次踏上非常熟悉的广州土地，目睹景物依然，无限感慨。自从“二次革命”失败以来，落难逃亡、四处奔走漂泊的日子不觉已四年多。如今回到广州，旧地重游，何香凝难免感慨万千。她对丈夫说：“跟着孙先生，百折不挠，即使落难也不坠青云志，革命一定能胜利！”

十三、携子探秘元帅府

1917年10月中旬的一天，何香凝随夫回到广州参加了孙中山领导的“护法运动”，决定携带开始懂事的儿子到大元帅府看看，一来探望住在府内的孙中山和宋庆龄，二来满足儿子对大元帅府的好奇心。

自从袁世凯死后，孙中山、廖仲恺等革命党人先后回到上海，提出恢复《中国民国临时约法》的要求，但窃取北京政府实权的段祺瑞等人却继承袁世凯伪共和真独裁的衣钵，导致军阀割据混战，国无宁日，民不聊生。因此，忧国忧民的孙中山发动了“护法运动”。经动员，北洋海军总长程璧光率“应瑞”、“海深”等十艘军舰随孙中山南下广州，同时有150多位国会议员响应孙中山号召加入护法行列。1917年8月25日，国会非常会议在广州召开，通过了《军政府组织大纲》。《大纲》规定，在《临时约法》之效力未恢复前，中华民国之行政权，由军政府大元帅行之。9月1日，非常国会第四次会议以无记名投票进行选举，孙中山以84票当选为中华民国军政府陆海军大元帅。

开始懂事的廖承志对陆海军大元帅孙中山充满敬仰之情，对大元帅府有一种好奇探秘的心理，于是他央求母亲：“娘，我要去见见孙叔公，看看大元帅府。”

出发前，对儿女管教严谨的何香凝对儿子约法三章：“肥仔，到大元帅府后，不得到处乱跑，更不得干扰孙叔公和你爹工作。”胖墩墩的小承志点头称是。

其时，何香凝家住广州东山恤孤路后街可园。母子俩坐一辆黄包车来到珠江边的天字码头，又租了一艘小艇渡江。丈夫廖仲恺当时任军政府财政部代理部长，她只要显示身份，停泊在天字码头专供军政府人员使用的小电船定会渡她母子过江的，但她公私分明，花自己的钱租用小艇。坐着摇摇晃晃的小艇，小承志更是高兴。何香凝特意吩咐撑艇的艄公往珠江上游兜了一个弯，遥望坐落在珠江南岸的当年居住过的双清楼。透过稀疏的建筑，距江边不足百米的双清楼隐约可见。她对身边的儿子说："看到了吗？那是有百年历史的海幢寺，海幢寺往西百米开外就是我和你爹结婚后住过五年的双清楼。"

廖承志很想上岸看看，但附近江边没有靠岸的码头，只好作罢。小艇掉转船头，顺流而下，约四五里外，便是大元帅府码头了。当时大元帅府码头是木头浮板，一条长长的栈道，从江水深处通过江边滩涂，抵达大元帅府门前。何香凝左手牵着儿子，右手挽着装有几包茶叶的布袋，像是走亲戚的民妇一样，通过码头栈道，来到大元帅府门前。只见牌楼上写着"军政府"三个字（"大元帅府"四字是若干年后才写上去的）。廖承志小眼碌碌，到处张望，发现一个石牌坊，上书六个大字——"广东士敏土厂"，便悄悄问母亲："这是什么厂？"何香凝说："士敏土厂，即是建筑用的水泥生产厂。孙叔公借此厂办公楼作为帅府办公的地方，足见革命之艰辛呀！"

20世纪20年代初的大元帅府门楼。其时仍保留"广东士敏土厂"碑石。

广东士敏土厂建于1906年，日产水泥500桶。厂前的两栋法国式建筑办公楼，环廊拱窗，三层，面临珠江。何香凝对卫兵说明来意，带着儿子进入了元帅府，来到后座南楼。只见一楼设有值星副官室、通谒室、收发室、医官室、参军处、会计室、庶务科、卫士队宿舍、武器库、卫队长室等；二楼四个大房间则分别为参谋处、秘书处、总参议室和大元帅府公报编辑发行室等。何香凝紧紧地牵着儿子在环廊里轻步缓行，在秘书处窗前，突然听到廖仲恺对下属说话："我们为护法军政府管财的，要严于律己，不可乱花军政府一分钱。一个铜板要掰开两瓣使。眼下帅府财政十分困难，我和孙大元帅商定了：所有官员、职员无薪可发，不分职级，每人每月仅可领广东毫洋20元维持食宿。我们财政部的官职人员决不搞特殊，我廖仲恺亦是如此。"

听罢，何香凝一阵心酸：啊！怪不得丈夫每天从元帅府回到家中唉声叹气，工作到深夜，或匡算账目，或向海外华侨写信募款。她庆幸不久前回香港娘家时，父亲何载深明大义，又给了她一笔钱，资助她一家生活，也是支持她和丈夫参加孙中山领导的护法运动。

小承志望着父亲的背影，欲呼叫一声"爹"，但想起出门前母亲的约法三章，便欲言即止，跟随母亲登上三楼。三楼是孙中山和宋庆龄主要的活动区域，包括大元帅府办公室、会议厅、孙宋卧室、小餐厅、无线电报室等。在这里，何香凝首先见到孙夫人宋庆龄，她们去年7月在上海握别后虽然只隔了数月，但像久别重逢的姐妹亲密拥抱。孙夫人待何香凝像对老大姐一样敬重。她对何香凝坚定的革命信念、耿直的性格以及诚挚的友情十分欣赏。她们在一起好像有说不完的话，一时被冷落一旁的小承志蹦蹦跳跳地跑开了。正在办公室埋头审阅文稿的孙中山被惊动了，放眼一望，只见一个熟悉的小脑袋掠过窗前。"是承志吗？

肥仔快进来！”承志听到亲切的呼唤，一头闯进大元帅的办公室，被孙中山拉到跟前，拍打着他的小屁股：“好大的胆子，你敢私闯‘白虎堂’！”小承志咯咯地笑了，指着墙上的大元帅指挥刀：“能不能给我玩玩？”孙中山吓唬小孩：“这指挥刀削铁如泥，锋利无比，一玩就人头落地。”小承志伸伸舌头，摸摸脖子做了个鬼脸，引得孙中山开怀大笑。

何香凝和宋庆龄听到笑声连忙走了过来。何香凝嗔道：“肥仔，别干扰孙叔公办公。”

孙中山对何香凝以礼相迎，笑道：“难得你们带来了笑声，我这个大元帅不好当呀，正闷闷不乐哩。”

原来，当时广州局势被桂系军阀所控制，他们开设烟馆、赌局、妓院，欺行霸市，征收苛捐杂税，弄得民不聊生。更为嚣张的是，桂系军阀唐继尧、陆荣廷、莫荣新之流对孙中山领导的护法运动阳奉阴违，暗中勾结北方军阀，与广州军政府作对，拦截军政府财源就是一例。

追随孙中山革命十多年的何香凝十分明白孙先生的苦衷。“二次革命”失败后，她和丈夫跟随孙中山逃亡日本，历经数年斗垮袁世凯，回到上海，再发动海军南下，好不容易在广州建立护法军政府。如今，军政府又受到军阀们的掣肘，步履维艰。这个军政府大元帅的确不好当啊！她说了一些抚慰孙中山的话并送上随身带来的茶叶，便准备带儿子离开大元帅府。孙中山诚挚挽留：“一定要吃过饭才走。这个军政府的建立，也有你一份功劳。几个月前，你在上海还参加过动员海军家属随军南下的工作。今天你来到军政府，怎能饿着肚子离开？”

简单的午餐就在帅府南楼三楼的小餐厅进行。廖仲恺下班后也来了。午餐成了工作餐，孙中山与廖仲恺讨论起帅府的财政问题。何香凝草草地吃过午餐，便来到环廊遥望，只见帅府东南面一片滩涂荒野，村舍错落，一条小河涌弯弯曲曲流入珠江。河涌上小艇穿梭，涌口用麻石砌成，这就是广州河南有名的“石涌口”。善于作画的何香凝以“美术家”的目光赞叹着眼前美景：好地方啊！她把“石涌口”铭记在心。想不到八年后廖仲恺不幸牺牲了，她于是选择了这地方建立仲恺农工学校。这是后话了。

当年大元帅府东面仍为一片滩涂。1926年被何香凝选作仲恺农工学校校址。（帕内 摄）

日已西斜，何香凝带着儿子离开了大元帅府。帅府西侧有个海军仓库，几十名海军士兵正在搬运着枪械弹药，通过帅府码头栈道，装进停泊在珠江边的一艘军舰上，小承志好奇地问：“娘，是不是又要打仗？”何香凝脸色凝重，低声说：“军阀不除，国无宁日！相信你孙叔公自有安排……”

随后的政局风云变幻。尽管孙中山、廖仲恺、何香凝等革命党人竭尽全力“护法”，但也经不起军阀们的折腾破坏。操纵广东和西南军事实权的唐继尧、陆荣廷之流，千方百计削弱孙中山的势力：一是暗杀始终支持护法的海军总长程璧光；二是制造事端，拘杀大元帅府卫队官兵数十人；三是操纵非常国会，取消大元帅制并改为七总裁的合议制——1918年5月，推孙中山、伍廷芳、唐绍仪、唐继尧、陆荣廷、林葆怿、岑春煊等七人为总裁。孙中山洞悉其奸，军阀们完全是为了与北洋军阀议和，而不是为了护法，于是孙中山愤而辞职离开大元帅府。

何香凝闻讯拍案而起："军阀不除，国无宁日！仲恺，你我都要为支持孙中山建立自己的军队尽力。"

随后，何香凝支持丈夫弃军政府财政代理总长职，夫妇俩紧跟孙中山到上海重组革命力量，筹备第二次护法运动。

2012年大元帅府广场景象。（张璧 摄）

十四、支前劳军开先河

1921年5月5日，南国广州喜气洋洋。何香凝一家兴高采烈来到位于红花岗的原广东咨议局礼堂，参加孙中山任中华民国非常大总统的就职典礼。

少年廖承志13岁了，乌黑的头发抹了头油，光亮亮的，身穿一套崭新的小西装显得特别神气，欢乐写在他胖乎乎的圆脸上。当他看到孙中山举起左手读完就职誓词全场雀跃的时候，便情不自禁欢呼：“孙叔公当上非常大的总统了。”

何香凝连忙扯了儿子一把，附在他耳边低声说：“不！他只是非常时期由非常国会推举的大总统。其实是只管广东一省的小总统。待统一南方再而统一全国后，才选举正式大总统。”

廖承志脸红了，似懂非懂地点着头。回家之后，何香凝耐心地向儿子解释孙叔公当这个非常大总统来之不易。三年前第一次护法运动失败后，孙中山重组革命力量，特别是在福建漳州扶植了以陈炯明为司令的粤军。在廖仲恺、朱执信等人的配合下，粤军回师广东，终于驱逐了盘踞广东多年的岑春煊、陆荣廷等桂系军阀，孙中山才回到广州第二次建立革命政权。

何香凝又语重心长对儿子说：“当今中国，只有孙叔公领导的国民党人才是革命的中坚力量。肥仔，你长大了也要参加中国国民党，我们一家要全力协助孙叔公开创革命新局面。”

后来，廖承志果然参加了中国国民党，但当中国共产党诞生并真正代表中国人民利益时，何香凝又支持儿女加入中国共产党。这是后话了。

孙中山为巩固广东民主革命根据地，统一南方，于1921年6月发动了进军广西消灭桂系军阀残余力量的战争。何香凝认为，这是一场正义之战，她以极大的政治热情，在广州组织妇女参加了这场战争的后援工作。这一义举，开创了有组织的妇女劳军历史先河，被载入近代中国妇女运动史册。

讨伐桂系军阀的战争爆发后，何香凝登门拜访了孙夫人宋庆龄，开门见山地提出在广州组织“女界出征军人慰劳会”的动议。宋庆龄极表赞成和支持。中国两位伟大的女性思想一致，要为统一中国出力。

宋庆龄、何香凝经过周密商议，联系了许剑魂、伍智梅、黄惠贞等十多位进步妇女为骨干，“女界出征军人慰劳会”终于诞生了。在简朴的成立会上，宋庆龄提请何香凝当会长。何香凝对与会者说：“孙夫人德高望重，协助孙大总统日理万机。我们这个慰劳会事务繁杂，就让我带头多干事务，做个总干事吧，而会长还是请孙夫人当。”最终大家一致推举宋庆龄为会长，何香凝为总干事。

何香凝不愧为总干事，用当代的话说，她还是总策划，为“慰劳会”事务殚精竭虑，想尽办法。她首先想到的是如何发动女界，如何募捐、征集各种慰劳品。她说：“有钱有物才能支前劳军呀。”

一个万籁俱寂、更深人静之夜，广州东山可园一栋红砖小楼房的窗户还透出淡黄色的灯光。何香凝还在灯前作画，准备用来义卖募款。她画完一幅《虎》图，又画了一幅《菊》图之后，觉得有点累了。正准备就寝，忽然窗外传来了若隐若明的粤剧锣鼓音乐声。大概是附近一户人家在播放留声机的唱碟。何香凝是一位粤剧爱好者，少女时代在香港就跟随父母看过几场粤剧，如今听到粤曲音韵，顿时睡意全消。

粤剧乃广东四大剧种之首，流行于广东粤语方言地区，尤以珠江三角洲的南（海）、番（禺）顺（德）城乡和港澳最为活跃，男女老少都喜欢粤剧。何香凝灵感来了，决定由“女界出征军人慰劳会”组织粤剧义演发动民众募款支前劳军。

当时，粤剧名伶马师曾爆红，他英俊潇洒，唱腔独特，誉满南粤。“女界出征军人慰劳会”礼聘他前来广州天字码头附近的南关戏院义演。演出前，何香凝接见了他，激励他说：“你年轻有为，前途无量。但目前军阀割据，国无宁日。国家兴亡，匹夫有责。艺人精英，更应为国家效力，协助孙中山，讨平军阀，统一中国。”

马师曾点头称是，演出非常认真卖力。广州夏季天气炎热，戏院像个火笼子。粤剧戏服有好几层，再加笨重的鞋帽，马师曾常常演得汗流浃背，喉咙沙哑。戏迷称他“豆沙喉”。就是这个“豆沙喉”，可以把一个“啊”字唱出36个不同音域不同韵味的腔调。戏迷听得摇头晃脑，如痴如醉。

天字码头附近的南关戏院。何香凝组织粤剧名伶马师曾在这里义演募款劳军。（余德富 摄）

马师曾的戏班在南关戏院连续义演七八场，场场爆满。“女界出征军人慰劳会”的骨干成员在戏院内外打出标语、横幅、宣传牌，发动募捐。每场义演前后，都收到不少捐款。总干事何香凝还动员17岁的女儿廖梦醒参加“慰劳会”的财务工作，天天跑银行存款、取款，在家中还记账造册，一丝不苟，颇为认真敬业。

何香凝还联系其他书画家，组织字画义卖。她还把自己精心创作的《虎》、《菊》等多幅作品捐卖出去。“慰劳会”成立半个月，便筹到大洋十余万元及衣物、食品、医药等一大批。

为护法运动筹款，何香凝一家1918年赴日本，在汤河源留影。

1921年7月20日，何香凝随丈夫廖仲恺奔临广西战场前线。廖仲恺仍是财政部代理总长，带去充足军饷。何香凝则带去慰问品和慰问金，犒赏将士，鼓舞士气。过了不久，何香凝又奉孙中山和宋庆龄的委派，率“慰劳会”七位女将，再带上慰问品和经费，奔赴广西梧州，慰劳讨桂的粤军部队，令粤军士气大振，勇猛作战。在短短三个月内，出征部队便占领了广西首府南宁。同年9月底，孙中山领导的南方革命政权便统一了两广，从而为第二次护法运动的北伐奠定了基础。

讨桂战争的胜利有各种因素，而宋庆龄、何香凝组织领导的“女界出征军人慰劳会”则是近代中国妇女运动史上第一次支前劳军慰问义师的组织，它对讨桂战争的胜利发挥了重要的作用，功不可没。

十五、临危不惧寻领袖

1922年6月16日凌晨，一阵阵密集的枪炮声划破了城西沉寂的夜空。居住在东山可园的何香凝机警地临窗眺望，侧耳静听，判断出枪炮声来自观音山（今称越秀山）的方向。总统府就在观音山南麓，而孙中山和宋庆龄就住在观音山上的粤秀楼。大总统和孙夫人的安危牵扯着何香凝激烈跳动的心。是贼人夜袭？还是内鬼兵变？她连忙拨了几个电话，终于弄明白了：是陈炯明部队叛变，正在炮轰总统府。

何香凝全身热血沸腾，清秀的脸庞涨得通红，脱口大骂陈炯明："叛贼，天理难容！"

廖梦醒、廖承志姐弟也被惊醒了，来到母亲跟前问个究竟。何香凝说："陈炯明叛变了。前天，他还来电约你爹到惠州'领款'，还说'有要事相商'。这两天你爹杳无音信，很可能被陈贼诱捕了，现在陈贼居然还炮轰总统府。可恶，可恶呀！"

远方的枪炮声，越来越密集，一阵紧似一阵。少年廖承志说："我要去找孙叔公。"爱子如命的何香凝说："子弹不长眼，你能去吗？只能我去。你和姐姐赶快收拾几件衣物，立即到香港外婆家躲避一阵，陈贼心狠手辣，免至被斩草除根。"

何香凝连夜电话联系友人安排一只小艇候在连接珠江的东山新河浦上。在阴沉沉的夜色掩护下，在密集的枪炮声伴送下，何香凝把一对儿女送上小艇，噙着泪花望着小艇在江面上飘去……

枪炮声慢慢变得稀疏了。及至翌日清晨，经过一夜折腾的广州，他静寂得可怕，街上行人稀少，只有荷枪实弹的士兵在巡逻，不时传来口令声。

话说这个兵变头子陈炯明，字竞存，广东陆丰人，1878年生。他青年时期较多接受资产阶级民主革命思想，也做过一些好事，曾参加孙中山领导的第一次护法运动。孙中山帮助他建立粤军。驻福建漳州期间，廖仲恺多次为他筹备军饷，甚至抵押何香凝用父亲给的钱在上海买给孙中山、宋庆龄居住的房子，筹款资助其扩军，从初期8000余人扩建至两万余人。

自从陈炯明率粤军打回广东帮助孙中山在广州第二次建立革命政权后，他身兼陆军总长、粤军总司令、广东省省长、广西军事善后督办等要职，独揽军政大权。春风得意的陈炯明如今更居功自傲，根本不把孙中山放在眼里。讨桂战争胜利后，孙中山在桂林组成北伐大本营，拟由桂出湘北进，以求武力统一中国，建立中央政府。而陈炯明则倾心于“联省自治”，先搞好广东。政治主张的分歧，导致陈炯明对孙中山的北伐令从阳奉阴违到公开反抗。他扣押军饷、军械，断绝北伐军后援，并勾结湖南军阀赵恒惕阻遏北伐军借道湖南北进。孙中山被迫于1922年4月8日从桂林回师广东，改设大本营于韶关，拟改道江西北伐。同时，孙中山、廖仲恺还多次对陈炯明进行教育、劝说，陈仍无意北伐。同年4月20日，孙中山下令免去陈炯明广东省省长职务，廖仲恺亦迅速从广东省官库提取300万元之巨款接济各路北伐军。陈炯明坐卧不安，心有不甘，更是想方设法与孙、廖作对。一心想当“广东王”的陈炯明再三公开声明：“我不愿任何人骑在我的头上。”陈炯明从革命的营垒中蜕变为新军阀、野心家，手段阴险毒辣，他排除异己，用卑鄙的手段暗杀了拥护孙中山的粤军第一师师长邓仲元。之后，他还散布谣言，说孙中山会不利于他，故调兵布防，退缩惠州。而何香凝从邓仲元夫人口中听到陈炯明对孙中山有这种莫须有的猜忌，立即激动起来："孙先生不会这样的，我可以带子女作为人质，如果孙先生不利于他，可以任由他杀我全家。"她和邓夫人还约好过几天一起到惠州劝说陈炯明回心转意。

然而，善良的人们是无法估计陈炯明的狼子野心的。何香凝的"劝说"计划还没有来得及进行，陈炯明诱捕廖仲恺的罗网已悄悄张开。6月13日，陈以"领款"和"有要事相商"为名，电邀廖仲恺前往惠州。廖仲恺虽有洞察，但仍想做挽救工作，便毅然应邀前往，临行前，何香凝还请丈夫把自己的意思转告陈炯明。

6月14日，廖仲恺在前往惠州途中的东莞石龙即遭陈炯明部队扣留，陈闻讯欣喜狂叫："这一次把'孙大炮'的荷包给锁住了。"随后，陈又密令把廖押送至位于广州西郊石井的广东兵工厂囚禁起来。

6月15日，陈炯明悍然密令留守广州的叶举、洪北麟的部队叛变以孙中山为非常大总统的革命政府。当时，广州革命政府的军队已全部调往韶关北伐，而孙中山刚从韶关回到广州，驻守总统府的卫队不过50人。16日晚，孙中山还在观音山南麓前的总统府里处理公文。他的秘书、副官、参谋等不断报告军情，说陈炯明部队4000余人配备大炮、机枪向总统府步步逼近，力劝孙中山赶快离脱观音山粤秀楼住所。孙中山初时还不信陈会作乱，做出灭绝伦常的事，直到枪炮声越来越密集的时候，才确信陈炯明叛变。然而，经历多次出生入死的孙中山临危不惧，悲愤得欲以身殉国，"以谢我四万万同胞"。

炮弹已在总统府、粤秀楼附近炸响，形势十分危急。孙中山左右的人焦急万分，一起拥到孙中山的身边，苦苦乞求他暂避。他又顾虑宋

庆龄的安全，要她和自己一同出走。而宋庆龄认为一同出去目标太大对孙中山不利，坚持自己留下来吸引敌人的火力和注意，恳求丈夫先行离开，并说："中国可以没有我，但不可以没有你。"

当孙中山被前呼后拥，穿过枪林弹雨的包围时，叛军的大队人马已经逼近了总统府。

被枪炮声惊动的何香凝送走一对儿女时，天已蒙蒙亮。她冒着被叛军抓捕的危险，要去总统府看个究竟，寻找孙中山和孙夫人的下落，途中恰遇孙中山的侍卫副官黄惠龙。黄报告说：孙中山、宋庆龄先后消失在枪林弹雨的夜幕中，至今下落不明。

何香凝焦急万分，担忧孙中山、宋庆龄的安危。她想，在这危急的关头不能失去革命领袖，一定要找到领袖。于是她拉着黄惠龙奔向几个熟人处了解，但谁也不知孙、宋的去向。最后，她打听到陈炯明的部下正在广州卫戍司令部开会，便毅然准备到那里探寻究竟。黄惠龙犹豫地说："他们对孙先生如此野蛮，我们到那里岂不是上门送死？"何香凝坚定地说："我什么都不怕！目前，孙先生和孙夫人下落不明，我们当部下的应该不辞任何艰险，设法找到他们。很多过去跟随孙先生的人现在都躲起来了，跑了，就剩下我和你了。走吧，纵然前面有刀山火海，我们也要找到孙先生。"

何香凝的话令黄惠龙大为感动。他们不顾岗哨阻拦，直闯卫戍司令部，找到广州卫戍司令魏邦平。魏有意调解孙、陈之间的纷争，正在和陈炯明部下叶举、洪兆麟、李云复等在开会，对突然到来的何香凝以礼相待。何香凝说："现在全城戒严，岗哨林立，请你们发个通行证，我要去找下落不明的孙先生。"魏、叶等不肯答应。她又说："孙先生就职大总统时，你们不是都去庆贺过吗？为什么现在又出来反对他呢？"

他们还是不答应。何香凝又说："现在你们纵即不再尊重孙先生，也该追念他是推翻清朝首创中华民国的人。你们之所以能做今天的官，不都是孙先生和黄花岗七十二烈士之功吗？"他们仍然不答应。何香凝想了想，换一个理由说："你们纵不让我去找孙先生，也必须让我去找孙夫人才行。你们应该还记得，孙夫人是我们慰劳会会长。讨桂之战时，是孙夫人和我筹款十多万元慰劳你们，怎能忘恩负义？你们总该允许我去找她啊。"经过何香凝一番有理、有力、有节的陈述，魏邦平、叶举一伙也深知眼前这个国民党元老个性刚强，敢说敢为，怕她三分，终于签发了特殊通行证，还给一辆汽车和两个卫兵跟着何香凝。

当时整个广州戒严，到处都是荷枪哨兵，不断有阵阵枪声，一些街道甚至枪林弹雨。何香凝尚未知悉其时孙中山已撤至珠江上的军舰，依靠海军力量与陈炯明陆军对抗。她全凭信念和原先自己了解的人际关系猜想孙中山、宋庆龄的去向。6月18日，何香凝在岭南大学找到宋庆龄。原来在陈炯明叛变之夜，孙中山走后，宋庆龄一直坚持在粤秀楼吸引敌人，直到次日上午8时，才在一位副官、两个卫兵的掩护下突破包围，在"火烧到头发上"的险境中乘乱逃出。之后，她又历尽艰险，冲破层层封锁，避居岭南大学友人家中。由于避难途中经受了无数颠簸之苦，她不幸在途中一间小房子里流产了。如今何香凝见到她一脸病容，两人不禁相对啼哭了许久。

6月19日，何香凝终于打听到孙中山的下落。原来孙中山在那天午夜离开总统府后，和随从人员巧妙地应对路上叛军，辗转来到面临珠江的长堤路，悄然登上停泊在天字码头附近的"宝璧"舰直驶黄埔，6月23日转登"永丰"舰，率舰上海军游弋珠江反击叛军。前两天的枪炮就是他在舰上指挥发射的。

1922年6月，陈炯明叛变，孙中山避难的“永丰”舰。孙中山逝世后该航改名为“中山舰”。

于是，何香凝沿着珠江北岸寻找“永丰”舰，终于在白鹅潭附近登舰见到了心力交瘁的孙中山。孙中山又惊又喜，这是他这次蒙难以来见到的第一位同盟会老同志。他们四手紧握，抚今追昔，不禁泪流满面。何香凝见到孙中山的衣服已经被汗水和烟尘弄得污渍斑斑，便立即上岸到古应芬家里取了几件干净的单衣，再次上舰送给孙中山更换。

此后，何香凝前后三次出入“永丰”舰，为孙中山传达信件、运送衣服、日用品和食品，更重要的是与他在精神上互相激励。真是疾风知劲草，患难见真情！

中国国民党革命领袖孙中山。何香凝自称是孙中山“三民主义”忠实信徒。

何香凝找到孙中山和宋庆龄后，如释重负，顿感欣慰。但她的丈夫如今身在何方？等待着她的，将是一场严峻的考验……

十六、智勇双全救丈夫

1922年6月24日，炎夏的广州烈日当空。一艘小汽艇从天字码头出发，沿着珠江西行，直驶向一个叫石井的地方。汽艇上的何香凝迎着灼热的江风，心情沉重。她此行是去探望已被陈贼囚禁了十天的丈夫。

石井这地方，人烟稀少，荆棘丛生，广东兵工厂就设在这里。它远离村庄，高墙深院，墙头上还有铁丝网，门口有几个荷枪实弹的卫兵把守着。

年届44岁的何香凝头束短发，身穿灰色旗袍，方圆的脸庞神色刚毅。她迈着坚定的步伐，走上码头，走进森严壁垒的兵工厂。陈炯明的一个下级军官陪着她来到这里。

曾囚禁廖仲恺的广东兵工总厂。何香凝多次奔走于此。

在兵工厂内一个只有十几平方米的小房间，何香凝终于见到了丈夫廖仲恺。只见他被三道铁链锁在一张铁床上，身上还是穿着十天前出门的夏衣，衣上汗渍斑斑，整个人容颜憔悴，不成样子。她一阵心酸，泪流满面，泣不成声。几个卫兵把守着，不让她上前靠近丈夫，也不准谈话。临别前，她大声喊着：“仲恺，多保重，我一定想办法救你。”

何香凝为营救丈夫四处奔走，时值炎夏季节，经常汗流浃背。有一段时间她还得了痢疾，常拉肚子，被迫住进医院，住院时又不断传来不利于廖仲恺的消息，她心急如焚，也顾不得痢疾未愈就走出医院，身上带着几块卫生布，继续开展营救活动。有人主张劫狱，她生怕这会加速陈贼下毒手而没有同意。

过了不久，何香凝第二次去探望丈夫，并带去一些衣物和食品。她见丈夫还是被铁链锁着，很是难过。随后又经过一轮抗争，才说服陈炯明部下熊略等人给廖仲恺解开了铁链。

陈炯明知道何香凝的活动能力和刚强的个性，也知道一些国民党人在支持营救活动，更了解粤军内部不少年轻军官、士兵敬重并同情廖仲恺，若再不及时处置，恐怕“夜长梦多”，因此他苦思如何才能堂而皇之枪毙廖仲恺。何香凝听到这消息，更是焦急万分，决定第三次去探望丈夫。

这一次何香凝探监，气氛特别紧张，兵工厂里里外外三步一岗五步一哨，如临大敌。未进厂门，五个卫兵就寸步不离地跟着何香凝。她要上前靠近丈夫谈话，也被卫兵用枪隔开。廖仲恺也意识到陈炯明即将杀害自己，便把在狱中写下的《留诀内子》、《诀醒女、承儿》等20多首诗词捆成一扎，示意要交给妻子。何香凝心领神会，迈步上前，但又被卫兵用枪阻拦，何香凝气愤极了，赤手空拳拨开挡在她面前的几支枪，并厉声地骂道："你们放枪吧，放枪吧，我是不怕的！叫你们的贼司令来我也不怕！"卫兵被吓住了，稍一松手，何香凝便拨开枪支趋步向前，接过廖仲恺手中之物，并和丈夫紧紧拥抱在一起。后来，这些饱含着血和泪的诗词被保存下来，编辑为《双清词草》流传后世。

何香凝握别丈夫回到家中，噙泪读着丈夫的诗词。其中《留诀内子》二首七绝令她悲痛欲绝：

（一）

后事凭君独任劳，
莫教辜负女中豪；
我身虽去灵明在，
胜似屠门握杀刀。

（二）

生无足羡死奚悲，
宇宙循环活杀机，
四十五年尘劫苦，
好从解脱悟前非。

何香凝擦着泪水，强忍悲痛，继续读着《诀醒女、承儿》：

女勿悲，儿勿啼，
阿爹去矣不言归。
欲要阿爹喜，
阿女阿儿惜身体。
欲要阿爹乐，
阿女阿儿勤苦学。

阿爹苦乐与前同，
只欠从前一躯壳。
躯壳本是臭皮囊，
百岁会当委沟壑。
人生最重是精神，
精神日新德日新。
尚有一事须记取，
留汝哀思事母亲。

读罢，何香凝禁不住放声嚎哭：“仲恺啊仲恺，你身陷囚牢囹圄，视死如归，都牵挂着我和儿女。我们25年夫妻，志同道合，患难与共，情缘未尽啊！仲恺，你不能走，我一定要救你……”

何香凝擦干眼泪，心中叨念着“后事凭君独任劳，莫教辜负女中豪”的诗句，继续开展营救廖仲恺的活动，寻找契机。

自从孙中山避难“永丰”舰后，蒋介石等亦随即上舰护卫。孙中山试图依靠海军和从韶关回师广州的北伐军平息陈炯明叛乱，但失利了。为了保存革命实力，在舰上熬了50多天的孙中山无可奈何地于8月9日乘英炮舰“摩汉号”离开广州赴上海去了。

8月中旬，广州局势稍为缓和，得意洋洋的陈炯明从惠州来到广州，准备8月18日在白云山召开军事会议。陈炯明一位部下龙荣轩被通知届时与会。龙在日本留学时与廖仲恺相识相知，便将消息提前密告何香凝，还应允会议当天把何香凝载到白云山下。

白云山，广州第一高峰，方圆百里。其中最高的摩星岭，可俯览广州全城，历来是兵家必争之地。它有多个山口，峰回路转，古木参天，好些军事要塞、指挥所隐于密林之中。

8月18日午后，天气炎热。何香凝单身孤影，步履维艰地朝着龙荣轩指点的方向在山中攀登。突然，山风阵阵，乌云滚滚而来，天下起了骤雨。何香凝躲避不及，全身湿透，她加快了脚步，不料一脚不稳，滑到山沟里，弄得浑身黄泥，好不容易才找到陈炯明开军事会议的场所，却被卫兵挡住了。一位年轻军官认得眼前这位全身湿透的中年妇女就是近几年来经常接济粤军的财政部长夫人，便连忙把她带到挡风避雨的地方，问道："廖夫人冒雨前来，有何贵干？"

何香凝见青年军官尚有礼节，便说："不瞒你说，我是来找你们的陈总司令算账来的。他忘恩负义，想要杀害廖仲恺，没有那么容易！仲恺不仅是我丈夫，中国革命更需要他……"

青年军官先是吃惊，继而感到同情和敬佩。他思忖片刻，随即走进烟雾腾腾的军事会议室，附在陈炯明的身边耳语："廖夫人找你来了。"

陈炯明一拍桌子："是谁让她进来的？"

"是风雨把我吹进来的。"未等青年军官回答，何香凝已闯进会场高声说道。

陈炯明连忙离座，假惺惺地说："廖夫人，这么大雨前来，衣服也淋湿了。"

何香凝大义凛然地说："雨湿怕什么？血湿我也不怕！我问你，仲恺有什么对不起你？你们说仲恺帮孙中山筹款，要把孙中山的荷包锁起来，就囚禁了仲恺，但仲恺何尝不曾在民国9年帮助过你们呢？你们在漳州两年多，把孙先生在上海莫利爱路的房子抵押了几次来帮助你的不也是仲恺吗？难道只有帮助你才对，帮助孙先生就不对吗？同样都要帮助，帮助孙先生更要紧。我们没有对不起你！"

一席话说得陈炯明面红耳赤，又是让座，又是请茶、请酒，还拿出一份电报表明："囚禁廖先生是部下做出来的，详情我也不知道。"

何香凝紧接着说："我今天来，也不打算回家了。你把我砍成肉酱我也不怕。仲恺是杀是放，你今天一定要回答我。"

为营救丈夫，何香凝对陈炯明说理斗争。（绘画，廖仲恺何香凝纪念馆展品）

陈炯明环视一圈在座的军官们，个个默不做声，自知理亏了，可是仍不答应放廖仲恺。为敷衍何香凝，便假意写一张条子，叫何香凝和龙荣轩到兵工厂把廖仲恺接到白云山来。

何香凝拿起条子一看，洞察陈炯明并无立即释放廖仲恺的意思，便把条子掷还给他，并厉声说："我今天来，是没有打算回去的。人死有重于泰山，有轻于鸿毛。今天我的死虽然轻于鸿毛，但我相信将来是会有价值的。至于廖先生，我也不一定强求你放他，但你今天一定要给我一个决断的答复，是放他还是杀他。"陈炯明被何香凝气离会议室。会场的人都说何香凝脾气太大。一个叫马玉航的军官走过来劝解："把廖先生接到白云山就是放他了。你为何对总司令还发这么大的脾气？"

何香凝说："这是明放暗杀。要放就让仲恺跟我回家，要杀就留他在白云山。"

马玉航把何香凝的话传给陈炯明，陈又回到会议室。何香凝义正辞严地对他说："你做事要磊磊落落，要杀廖仲恺就随你的便，要放他就让他和我一同回家，不要接到白云山来明放暗杀。"

陈炯明理屈词穷。他觉得孙中山已去上海，海军、北伐军也远离广州了，革命势力对他的威胁也暂时解除；同时，他还觉得以前留驻漳州的粤军干部对廖仲恺怀有好感甚至敬重，于是不敢遽尔杀害廖仲恺。他踌躇再三，终于对廖仲恺下了释放令。何香凝在龙荣轩等人陪同下，立即驱车前往石井兵工厂。这时天色已晚，秋风瑟瑟，她搀扶着被囚禁了80多天、虚弱疲惫的丈夫深一脚浅一脚回了家。大难不死的廖仲恺非常感激革命伴侣何香凝。他洗涤过后，见她在收拾行装，忙问："又去哪里？"

何香凝说："立即走人。陈炯明放你，可能是一时的良心冲动，说不定今晚或明晨又派兵把你捉回去。"

廖仲恺说："兵乱时，执信学校遭到破坏，还有女生被士兵强奸了。我打算明天到执信学校处理一下。"

何香凝说："只要留有生路，回来可以再办学校。"经过争论和联系，凌晨三点，何香凝敦促丈夫离家出走，夫妇俩在夜幕中摸到珠江边，上了小艇离开广州辗转远赴香港去了。

果然不出智勇双全的何香凝所料，翌日上午10时，陈炯明派兵到东山可园要重新逮捕廖仲恺，不想扑了个空，气得他七窍生烟又徒呼奈何。

十七、妇女运动先驱者

岭南春早。1924年春节刚过不久，广州街头众多高大挺拔的木棉树已经陆续开花，层层叠叠像一片片红云，映红了半边天。

这个春天，是何香凝追随孙中山参加民主革命以来最感欢畅的春天。此刻，她伫立在东山百子路用父亲遗产新建不久的“双清楼”阳台上，一边欣赏着街前那棵盛开的木棉花，一边思考着如何开展妇女工作，配合孙中山领导的国民革命运动。

在何香凝的心目中，孙中山是愈挫愈勇的革命领袖，跟着他，无往不胜。孙中山已从陈炯明叛变中吸取教训，于1923年1月依靠滇军、桂军把陈炯明驱逐出广州，2月重返广州任陆海军大元帅，3月成立大元帅大本营。

更令何香凝兴奋的是，孙中山改组了组织涣散的国民党，实行联俄、联共、扶助农工三大政策，并于1924年1月召开了有共产党人参加的中国国民党“一大”，实现了国共合作，翻开了中国历史崭新的一页。如今，为国共合作立了大功的丈夫廖仲恺，正在协助孙中山筹建黄埔军校，建立革命武装，而何香凝则要考虑如何开展妇女工作了。

在国民党“一大”上，何香凝作为孙中山指定的三位女代表之一，向大会提出“于法律上、教育上、社会上、经济上确认男女平等之原则，促进女权之发展”的提案，提案被通过并写入大会宣言。如何发动妇女争取男女平等的权益呢？她想起不久前与苏联顾问鲍罗廷的夫人的一次谈话，谈到欧美一些国家从1911年起，利用每年3月8日庆祝国际妇女节的机会，做发动妇女的工作。她想，我国有女同胞二万万多，几乎占世界女性的五分之一，也应该庆祝自己的节日。她越想越兴奋，随后，她向中国国民党中央执行委员会提出组织“三八”妇女节活动的建议。

1924年3月初，中国国民党中央党部召开专题会议，专门讨论何香凝的建议。何香凝在会上介绍“三八节”的来历时说，1909年3月8日，美国芝加哥妇女争取“男女平等”集会以来，得到欧美各国和苏俄的支持。1910年8月，在丹麦哥本哈根召开的第二次国际妇女代表会议上，领导会议的法国社会主义革命家、国际妇女运动老前辈蔡特金向大会提议，每年3月8日为世界妇女权益斗争日，也叫国际妇女节。十几年来，每到这一天，很多国家都组织妇女庆祝自己的节日，而我们中国从辛亥革命以来，国无宁日，从未组织过妇女庆祝自己的节日。如今，进入国共合作时期，局势较好，有利于把妇女运动发动起来、组织起来。

与会者对何香凝的建议和讲话表示赞同，但当她进一步提出庆祝“三八节”的“男女平等”、“各机关开放容纳妇女”、“废除娼妓制度”、“婚姻自由，不得歧视再婚妇女”等几个口号时，就有不同声音了。一些满脑子男尊女卑、思想顽固的男人说“妇女不能再婚，再婚就是不贞”等。何香凝当即反驳他们：“什么贞不贞？贞应该是男女双方的事。”他们还要再闹，却被参加会议的共产党员恽代英严辞驳斥。绝大多数参会人员都支持何香凝代表广大妇女提出的严正要求。会议一致通过何香凝提出的建议和口号，决定由曾醒作为部长的妇女部组织“三八节”庆祝大会和游行活动。曾醒时任执信学校校长实职，她推举德高望重的国民党元老何香凝为这次活动的总负责人。中国国民党中央作出决定后，何香凝与妇女部的职员以及蔡畅、邓颖超等共产党人亲密合作共事，多方联系妇女骨干。

1924年3月5日，由广州各界妇女代表参加的庆“三八”筹备动员会在执信学校大礼堂召开。会议主席何香凝在讲话中申明这是我国第一次组织三八妇女节活动，为争取妇女权益而斗争，故意义重大。她的讲话获得一阵阵热烈的掌声。会议决定了几件事项：一是3月8日上午11时在广州市第一公园（后改称为“人民公园”）召开庆祝大会，请广东省教育厅、广州市教育局通知省和市立学校女生代表到会；二是会后举行游行活动，以徒步游行为主，汽车游行为辅，请市公安局派警力保护；三是推选12人于3月7日乘汽车在广州市内各街道派发传单，以引起市民注意和动员各界妇女参加大会和游行；四是请国民党中央机关报《广州民国日报》发表《庆祝国际妇女日》的社论，各报纸开辟妇女专栏介绍“三八节”来历及德、英、奥、苏等国庆祝“三八节”活动的情况。

3月8日上午，广州风和日丽，蓝天白云。第一公园内搭起临时舞台，悬挂着写有“庆祝国际妇女节”的横幅。会场四周贴满了“妇女要求有劳动平权、教育平权、参政平权”等标语。10时许开始，来自各学校的女生、各界妇女代表共2000多人，身穿整洁服装，英姿飒爽地陆续来到会场，现场一片欢声笑语，喜气洋洋。

上午11时正，大会正式开始。主席台上，何香凝现身了。很多女生、妇女还未曾见过何香凝。大家马上安静下来，把目光聚集在这位妇女领袖身上。只见她一头短发，中等身材，穿着青灰色花纹的绸布旗袍，一脸正气，柔中带刚，用和善慈祥的目光和大家相视交流着，随即用响亮且含浓重粤语口音的普通话发话了：“同胞姐妹们好！今天，

1924年3月8日，何香凝在广州第一公园（现称“人民公园”）主持召开我国第一次纪念三八国际妇女节大会。（张璧 摄）

我们中国妇女第一次庆祝自己的节日——三八国际妇女节，争取男女平等、报效国家、振兴中华民族……”

何香凝慷慨激昂的演讲简短有力，她号召广大妇女走打倒封建主义、打倒帝国主义和妇女自求解放的道路。与会者群情沸腾，报以热烈的掌声和口号声。

当时在广州已很有名气、以个人身份加入中国国民党的共产党人瞿秋白、恽代英等也参加了大会并发表讲话，支持妇女群众运动，何香凝和他们一一热烈握手，表示感谢。

大会结束后，何香凝带领妇女们徒步上街游行，同时组织27个演讲队到工厂、剧场演讲宣传。游行的队伍途经吉祥路、广东省公署所在的越华路、广仁路、省财厅所在的永汉北路，从天字码头转入珠江长堤、大平南路、一德路、维新路，最终回到第一公园。游行队伍不断高

何香凝率领妇女游行经过的广州太平南路（现人民南路）。

呼“打倒封建主义，打倒帝国主义”、“保护童工孕妇，革除童养媳，革除多妻制，禁止蓄婢纳妾，废除娼妓制度”、“争取妇女解放”等口号。队伍所经街道两旁挤满了看热闹的人，不少妇女亦附和高呼口号，还有的自觉加入游行队列。妇女部的同志见何香凝年纪大，穿着旗袍走得汗流浃背，便开来一部小车请她上车。她说：“才十多里路吧，我可以走完全程。放心吧，继续走，革命路上我是不会停步的！”

何香凝倡导和组织我国妇女第一次庆祝国际妇女节，在中国妇女运动史上竖起了一个里程碑。从此，我国妇女运动逐步兴起，在第一次国共合作时期尤为兴盛。

何香凝认识到，要发动劳动妇女参加国民革命，除了从政治思想上动员外，还必须关心和帮助劳动妇女解除自身痛苦，提高知识文化水平和生产劳动技能。所以，她在1924年3月21日举行的国民党中央妇女部党员大会上提议设立“贫妇生产保健医院”和加速开办“女子劳工学校”，得到与会者一致赞同。会议最终决定办一所医院和三所妇女劳工学校。

会后，何香凝主动承担筹办医院和劳工学校的重任，特别是筹款工作。她联合妇女界伍智梅、居若文、沈慧莲、马凤岐、唐允恭、罗徐淑等人发起演剧筹款。她还在廖仲恺支持下，亲往各机关募捐，并请海外部部长林森代她向檀香山等海外各埠华侨筹捐款项。经过几个月的辛苦奔忙，何香凝终于筹得巨款，各项工作也大体就绪。

1924年6月18日，中国国民党党立贫民生产医院在广州永汉北路举行开幕典礼。何香凝主持典礼大会并发表讲话。她指出："此次创办斯院二大目的：一是救济贫苦产妇；二是中国现状如临产贫苦，需要救活，联合同志去医国。"

贫民生产医院开办后不到一个月，就有住院者六七百人，其中贫民居多，概未收医药费。之后，三所女子劳工学校也先后办成，一批又一批劳动妇女入学，提高了文化知识和劳动技能，对妇女解放、投身国民革命运动起到积极的推动作用。

同年8月，中国国民党中央执行委员会第51次会议批准妇女部第二任部长廖冰筠（廖仲恺的堂妹、广州女子师范学校校长）辞职，同时决议何香凝为妇女部代理部长。从此，何香凝以更大的热情与共产党人合作，投身妇女运动。

何香凝更是以非凡的胆色，组织领导妇女直接参加反对封建军阀和反对帝国主义的斗争。8月24日，她出席广州市民声讨商团头子陈廉伯等人罪行的大会，并在会上代表妇女界声讨商团叛乱、妄图推翻孙中山领导的革命政权的罪行，表示坚决支持革命政府扣留商团私运的枪械并惩办商团。10月中旬，平定商团的战斗在广州西关打响后，何香凝又带领国民党中央妇女部组织的救护队，冒着枪林弹雨，配合黄埔军校学生军和各军参加战斗，负责战地裹伤施医，并救出伤员30余人，分别送各医院治理。战斗结束后，她们又协助清理战场，敛收尸体32具。她领导的妇女救护队，直接效力于革命。

在后来为反对帝国主义的省港大罢工中，在为统一中国的北伐战争中以及在挽救中华民族的抗日救亡中，何香凝总是以发动组织妇女为己任，带领中国妇女立下汗马功劳，她不愧是妇女运动的先驱者和卓越的领导人！

1924年何香凝（左六）应邀参加粤军师长张民达（左八）与邓淑贤（左七）的婚礼时留影。左四为叶剑英，左十为廖仲恺。

十八、孙文遗嘱见证人

1925年2月，春寒料峭，冷雨霏霏。何香凝的心头像垂着一块铅，沉重非常。近日不断传来不好的消息，远在北京的孙中山病情越来越重了。

1924年10月23日，直系军阀将领冯玉祥从讨伐奉系前线秘密回师北京发动政变，囚禁大总统曹锟，从而改变了北洋军阀后期的政治走向。冯有自知之明，特邀请孙中山北上。同年11月13日，孙中山应冯玉祥将军之邀，离开广东北上共商国是。为了实现全国和平统一，他不顾肝癌（后查实为胆囊癌转移到肝、肺、结肠等处）缠身，冒着生命危险北上。孙中山此次北上是乘船从广州出发经香港、上海，取道日本长崎、神户，再经天津入京的。在上海、长畸、神户等地停留时，他还要接见中外记者、当地要人，参加欢迎会，发表演讲和谈话等，这令他疲惫不堪，加之长途跋涉，几度转换车船，历经风浪雨雪，饱受颠簸之苦。12月4日清晨，轮船抵达天津港时，北风呼啸，天寒地冻，码头上簇拥着一大批欢迎人群。孙中山站在船头脱帽向欢迎的人群致意，又受了风寒，患了感冒，不得不在天津逗留就医。

在孙中山北上途中，北京已成立了以段祺瑞为首的临时执行政府。冯玉祥一派渐被排挤，无能为力。12月6日，段祺瑞政府发表了要“外崇国信”的致各国使团书，表示要尊重历史上中国政府与外国列强签订的不平等条约；同月24日，又公布了“善后会议”条例，将要召开各

路军阀利益分赃的“善后会议”，以抵制孙中山提出召开国民会议的主张。这种倒行逆施的行径，引起全国人民的强烈反对，也引起孙中山极大的愤慨。

段祺瑞深知孙中山的崇高威望，特派出叶恭绰、许世英为代表，赴天津慰问和欢迎孙中山，遭到孙中山严辞质问：“我在外面要废除那些不平等条约，你们在北京偏偏要维护那些不平等条约，这是什么道理呢？你们要升官发财，怕得罪那些外国人，还要尊重他们，为何还来欢迎我？”

在孙中山面前，叶、许二人不敢吱声，良久，才小心翼翼地劝孙中山不要太过“激烈”，免得激怒东交民巷的“洋大人”，引起帝国主义干涉。

孙中山气愤地回答：“简直荒谬！你们是谋害民国者。假如不打倒帝国主义，我就不革命了。”

经过这次刺激，孙中山的病情进一步恶化，癌痛如切骨，脉搏骤增至每分钟120次以上。为便于就医并与段祺瑞作斗争，孙中山于1924年最后一天的下午进入北京，受到各界群众共十万人的热烈欢迎。他和夫人宋庆龄在北京饭店下榻，遵医嘱不会客、不谈话，但他仍不停地思考应对时局，先后发表书面谈话和《入京宣言》，还在病榻上拟定了给段祺瑞的电报。毕生为革命操劳的孙中山病势越来越重，经各路医生会诊决定，于1925年1月26日进入协和医院施行手术。手术中检查全肝，只见肝部坚硬如木，当时确诊为肝癌晚期，无法割除，西医乏术。

孙中山入京病情恶化后，家属、同志和亲友陆续赴京侍疾。早在1925年1月初，孙科、胡菊生、宋子文、邹鲁等已先后到京，一些右派分子和伪革命分子也以探视孙中山为名赴京观风。至1月下旬，共计已有几十人。当时廖仲恺也准备北上侍病，但孙中山复电阻止：“广东不可一日无仲恺。”

廖仲恺对何香凝说：“孙先生的病恐怕难治了。孙夫人很忙，我现在因党务、政务、军需忙得难以脱身，东征军事行动，也要我亲自处理，不如你到北京帮忙一下吧。”

何香凝对于孙中山的病情，本就很关切，经丈夫这样一说，她就匆忙收拾行装和安排家事，于1月26日独自北上了。临行前，她对醒女、承儿说：“岭南大学快开学了，你们要好好读书，姐弟要互相照顾。”

何香凝经上海到达北京后，住进铁狮子胡同5号，与孙中山的随从人员及先到的侍病者在一起。那时，孙中山病情更重了。何香凝陪着孙夫人整日在病房护理照料，给了孙夫人很大的安慰。她们的共同心愿是孙中山能多活几年，继续领导大家进行尚未成功的革命。

1925年2月18日，经过半个多月镭锭医疗但毫无效果的孙中山被转移到铁狮子胡同行馆，由名中医陆仲安诊治。然而，孙中山病势有增无减，大家知已绝望，孙夫人和何香凝倍感难过。

早在1月26日晚，当确诊孙中山所患为不治之症的癌病后，中国国民党中央政治委员会即在北京召开紧急会议，议决“应趁先生临危以前，请其立一遗嘱，俾同志遵守”，并委托汪精卫、鲍罗廷和陈友仁负责起草遗嘱初稿，但此事尚未同孙中山商量。何香凝很赞成请孙中山立遗嘱，她想，如果不及时请孙先生留下遗言，那些他在世时都反对他的右派，将来什么事都会做出来。她考虑到革命的前途，深感问题的迫切，在2月22日就催促大家同孙中山商量立遗嘱的事。

孙中山本来是个医生，曾在英国伦敦主刀取胆囊结石，医术精湛。他对自己的病情心中有数，能坦然对待。而他更是个高瞻远瞩的革命领袖，目睹国民党内外反动势力的猖狂与诡异，原不想留下什么文字遗嘱，后来经大家的恳求，便点头同意了。

病危立遗嘱是一件伤心的事。孙中山经过一番慎重的思考，口授国事遗嘱、家事遗嘱和致苏联遗书，分别由汪精卫、陈友仁和鲍罗廷笔记整理。

国事遗嘱也就是后来长期为人们传颂的《总理遗嘱》，全文如下：

余致力国民革命，凡四十年，其目的在求中国之自由平等。积四十年之经验，深知欲达到此目的，必须唤起民众，及联合世界上以平等待我之民族，共同奋斗。现在革命尚未成功，凡我同志，必须依照余所著《建国方略》、《建国大纲》、《三民主义》及《第一次全国代表大会宣言》继续努力，以求贯彻。最近主张召开国民会议及废除不平等条约，尤须于最短期间，促其实现，是所至嘱！

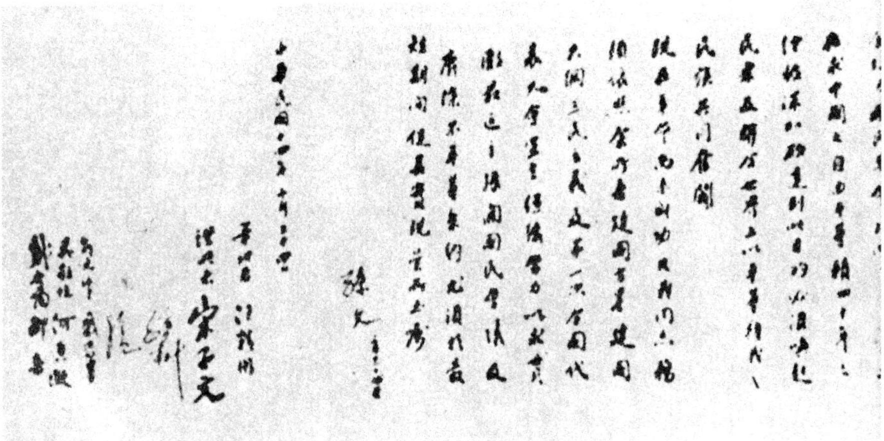

孙中山遗嘱。何香凝是孙中山遗嘱的见证人之一。

在这个遗嘱中，原来是“联合世界上被压迫民族，共同奋斗”，但负责笔记的汪精卫因段祺瑞代表许世英曾来劝说不要得罪帝国主义，竟将这句话改为“联合世界上以平等待我之民族，共同奋斗”。何香凝对汪精卫这个改动心中不满，而张继、邵元冲、胡汉民等认为汪改得还是过“左”，很有意见。

孙中山在《致苏联遗书》中阐明了他实行联俄、联共、扶助农工三大政策的坚定信念，表示希望不久将破晓，斯时苏联以良友及盟国欢迎强盛独立之中国，两国在争世界被压迫民族自由之大战中，携手并进以取得胜利。

至于孙中山的《家事遗嘱》，主要说明将遗物留给宋庆龄作纪念，要求儿女们继承他的革命遗志。

这三个遗嘱在2月24日立就后，本来是准备马上签字的，但孙中山看到宋庆龄极度伤感的神情，有点犹豫了。为减轻夫人的痛苦，便对拿来笔墨的汪精卫说：“今天暂不签字了，过几日再说吧。”汪等人只好听从了。

虽然遗嘱写成了文字，但如果没有签名，是不生效的。何香凝把孙中山签名一事一直牵挂在心。3月11日上午8时，她到孙中山病房侍病，发觉孙中山眼神已散，病势很危急，心里非常难过，连忙跑出病房对汪精卫等人说：“拟就的遗嘱，此时如不请先生签字，恐怕无时间了。”

当时汪妻陈璧君在场，不满地说：“你为什么讲这话吓人？”

何香凝不想与她论理，又匆匆找到宋子文、宋庆龄等人对他们说：“三个遗嘱都很重要，再不签就来不及了。”他们赶忙走入病房，观察后很沮丧地出来了，都觉得应该立即请孙中山签字了。孙夫人泣不成声，何香凝、宋子文等连忙劝慰一番。宋庆龄深明大义，表示不会阻拦，而且还会协助。

于是，何香凝请汪精卫将三份遗嘱取出，大家心情沉重地缓步至

孙中山床前，用孙科的钢笔，请孙中山在遗嘱上签字。虽然时值中午时刻，但天色阴沉，何香凝泪眼模糊地望着脸色苍白的孙中山，手在发抖，无法自持。宋庆龄含泪托起丈夫的右手腕帮助他执笔逐一在三份遗嘱上签下“孙文”的名字，场面鸦雀无声，何香凝伤心欲绝，不能自已。

遗嘱签字时，在孙中山病榻旁侍疾者，除宋庆龄、孙科、何香凝外，还有宋子文、孔祥熙、汪精卫、吴敬恒、戴恩赛、邵元冲、戴季陶、戴传贤、邹鲁、陈友仁等十余人。他们一一署名证明自己是孙中山遗嘱的见证人。

当天下午，昏沉气喘的孙中山仍然惦记着国事和党务，很忧虑地对随侍在旁的人说：“我死了，四面都是敌人，你们很危险的。”何香凝警醒地点点头，铭记在心。她看到孙中山说话越来越困难了，但好像还有很多话要说，只见他把儿子孙科、女婿戴恩赛召到病榻前，“嘱令顺事继母宋夫人”。接着，她听到孙中山呼唤：“廖仲恺夫人。”平时，孙中山喜欢用日语称她为“奥巴桑”（管家老妇人），此刻，如此郑重的称呼，使她心头不禁一阵酸痛，连忙来到孙中山跟前，见他指着宋庆龄，用微弱的声音嘱托：“她也是同志，我死后望好好地待她，不要因为她是基督教徒而歧视她。”接着便哽咽舌僵，张口不能做声。

何香凝听到孙中山沉痛的叮咛，很伤心地掩泪回答：“我虽然没有什么能力，但先生改组国民党的苦心，我是知道的。此后我誓必拥护孙先生改组国民党的精神，孙先生的一切主张，我也誓必遵守。至于孙夫人，我当尽我的力量来保护她。”她又说：“昨天我已与汪精卫联名打电报给广东财政当局，请他们以后照顾孙夫人。”

孙中山潸然泪下，紧紧地握着何香凝的手达十分钟之久，郑重地说：“廖仲恺夫人，我感谢你……”

何香凝故事

何香凝与丈夫追随孙中山20多年，在国家民族危亡之秋，同甘共苦，为中国的自由、平等而英勇战斗，其同志加战友的关系是极其密切的。如今，他们即将生离死别，何香凝怎能不悲痛至极、泣不成声？

更使何香凝震撼的是，孙中山在弥留之际，仍强撑着精神挣扎着喊出：“和平……奋斗……救中国！”

1925年3月12日上午9时25分，一代伟人孙中山与世长辞，举国哀悼。何香凝强忍着巨大的悲痛陪同宋庆龄办理孙中山的丧事，从守灵护灵到遗体入殓，她像老大姐一样伴在孙夫人的身边。3月19日，移灵大典举行，何香凝是执绋者右绋的女界第一人。4月2日，她参加了孙中山灵柩暂厝西山碧云寺的安放仪式。4月10日，孙中山的丧事在北京办理完毕后，她又护送宋庆龄回到上海家中，然后于4月21日共同赴南京勘察中山陵墓地。从1月底至此，她与宋庆龄几乎朝夕相处100多天，互相尊重，互相了解，使她们的战友情谊加深、加浓了。1925年5月初，何香凝才南返广州，回到丈夫的身边。此后，她与廖仲恺等国民党左派一起，遵照孙中山遗嘱迎接新的战斗。

何香凝（左）在广州设立的孙中山灵堂前留影。

十九、坦然面对生死劫

1925年6月23日上午，仲夏的广州热浪逼人。身穿浅色旗袍的何香凝携醒女、承儿离开坐落于东山的双清楼住宅，步行约一公里路程，来到东较场。何香凝额头已渗出汗水，脸庞也热得微红。醒女为母亲擦汗，承儿用学生帽为母亲扇风。

此时的东较场已人山人海，聚集着十多万工、农、兵、学、商等群众，大罢工指挥部、广州工团军、广东省农民协会、黄埔军校等单位的各种旗帜迎着夏风招展，还有“声援上海‘五卅’运动”、“打倒帝国主义”等各种标语、横幅。大会还未正式开始，口号声、欢呼声、擂鼓声已响彻云霄。

大会主持人是何香凝的丈夫廖仲恺，其时的廖仲恺担任党、政、军、财等十多个职务，主要职务有中国国民党中央执行委员、中央常务委员、中央政治委员会委员、工人部长、农民部长、大元帅府大本营秘书长、财政部长、军事委员会委员、黄埔军校党代表、党军党代表等。自从孙中山逝世后，廖仲恺成为中国国民党核心人物、左派领袖。周恩来后来评价廖仲恺是孙中山“革命志愿之继承者”，是当时反对帝国主义运动“唯一的急先锋”。

何香凝是鼎力支持丈夫全情投入革命工作的。当她看到廖仲恺出现在主席台主持大会并慷慨激昂地发表演说时，同全场民众一样热烈鼓掌与欢呼。

廖仲恺的演说，旗帜鲜明地指出："我们不独要革军阀与帝国主义的命，并且要革'反革命派'的命，这才是彻底的革命工作。"

大会结束后，十多万人举行声势浩大的示威游行。在母亲的支持下，廖梦醒、廖承志参加了游行。当游行队伍途经沙基路（现六二三路）西桥时，"打倒帝国主义"的口号更是惊天动地。沙面租界的英帝国主义穷凶极恶，悍然用机枪扫射，并指使在珠江白鹅潭的英军炮轰游行队伍，致使53人死亡，170多人重伤，数百人轻伤。廖梦醒、廖承志幸免于难，但廖承志头上的学生帽被子弹射穿了。

震惊中外的沙基惨案发生后，何香凝悲愤异常，挺身而出，率领兴华医院和贫民生产医院的医生、护士，亲临现场抢救伤员。救护车行至沙基东桥口时，黄埔学生军拦住说："英人无礼，乱枪杀我同胞，先生等不宜往，恐有不利。"

时值骤然而至的夏雨，大家的衣服都淋湿了，经学生军这么一说，一些人犹豫地望着何香凝，只见她很果断地挥挥手，坚定地说："天雨虽大，救伤尤急。外人即使野蛮，或不至于枪杀红十字队，大胆向前走。"

何香凝抹抹脸上的雨水，率队继续前进。大街上没有行人，沿街店铺也全部关门，只有堆积的尸体，血肉狼藉，惨不忍睹，鲜血混合着雨水在流淌，受伤的游行者在痛苦呻吟或挣扎爬行。

面对帝国主义野蛮行径酿成的惨状，何香凝禁不住悲愤痛哭："同胞，同胞为国而死，死有余荣，生者誓当努力，雪此奇耻！"

此时租界那边还不时施放冷枪，大家劝何香凝暂避一下，但她全然不顾，坦然面对随时会被流弹击中的危险，在雨中亲自抬运伤员，一直忙碌到当天夜晚十点才回到家中，而丈夫仍然没有回来。

妻子理解丈夫又牵挂丈夫，何香凝深知廖仲恺深夜肯定还在外头忙碌奔波。确实如此，沙基惨案发生后，廖仲恺在中国国民党中央执行委员会紧急会议上提出立即向英帝国主义作出强硬的抗议，并宣布与英国经济绝交。随后，他以黄埔军校党代表身份与军校校长蒋介石领衔全校师生通电抗英。通电内容指出："且帝国主义非一英国也，今日英国之屠杀，吾国民忍而受之，他日相机而起之帝国主义者，其屠杀手段恐更日新月异，国亡族灭，吾民无噍类矣！""是故吾人之抗帝国主义，实为图民族之张本。帝国主义不去，吾民族无生望，不平等条约如不废除，帝国主义在华势力则永不能打倒。"通电内容还表示："生为帝国主义者死敌，死为抗帝国主义而死！"面对血淋淋的遇难同胞遗体，无比悲愤的廖仲恺挥泪写下这样的挽联："帝国主义残暴之证据，次殖民地惨状之写真。"

何香凝对丈夫与蒋介石领衔全校师生联名通电抗英表示完全赞同，因而对曾自称是革命后辈的蒋介石也怀有好感，视为战友。至于后来她多次斥责蒋介石，通力反蒋，则是老蒋屡屡背叛孙中山遗教。这是后话，暂且不提。

1925年6月30日，省港罢工委员会正式挂牌成立，成为指挥罢工的最高领导机关，廖仲恺被聘为顾问。7月1日，大元帅大本营改组成立国民政府，廖仲恺为政府委员兼任财政部长，稍后又成立军事委员会，廖仲恺任常务委员。7月2日，廖仲恺被广东各界对外协会推举为主席。此后他多次主持该协会会议，作出"经济封锁香港"等决定。为此，省港大罢工委员会组织工人纠察队封锁广州沙面英租界和香港水陆交通要道，截堵物流，严查走私，使英租界陷入一片混乱。很快，香港也变成"饿港"、"臭港"、"死港"，给英帝国主义者以沉重打击。因此，英帝国主义者视廖仲恺为眼中钉、肉中刺，刻骨仇恨。对帝国主义屈膝投降、仇视革命势力的国民党右派分子也对廖仲恺极为不满。

党外有党，党内有派。国民党成立以来，党内的派系斗争从来没有停止过。以廖仲恺、何香凝等人为光辉旗帜、拥护国共合作的国民党中坚分子和以个人身份加入国民党的共产党人形成了国民党左派，它代表工人、农民和革命小资产阶级，积极支持孙中山推行的三大政策。国民党中间派代表民族资产阶级及知识分子，他们在犹豫观望。国民党右派则是买办资产阶级和地主阶级的政治代表，他们从所代表的阶级利益出发，极力反对改组国民党，反对同共产党合作，全盘否定三大政策，反对国民革命。1925年3月以前，右派慑于孙中山的崇高威望，暂时还不敢轻举妄动。一俟孙中山逝世，他们就迫不及待地跳出来，兴风作浪，把矛头对准左派。

孙中山刚病逝，国民党右派分子冯自由等组织的“中华民国国民党同志俱乐部”、“辛亥革命俱乐部”、“中华全国孙文主义青年会”等先后在北京、上海、广州纷纷出笼，公开打出反对国民党“赤化”的旗号，一致鼓噪反对三大政策。当时还在领导集团内掌握党、政、军部分实权的右派头目，则与这些鼓噪者响应配合。他们打着国民党的旗号，操纵一些军队和地方武装，破坏工农运动，捕杀干部群众，助长帝国主义和北洋军阀妄图扼杀中国革命的野心。在南方，英帝国主义还资助已被打败的陈炯明，使他东山再起，窃踞汕头，蠢蠢欲动，更有甚者，在国民党中央执行委员会里掌握实权的一些人，已经同北洋军阀“携手”，并且和帝国主义勾结起来，还在密谋发动武装叛乱，妄图颠覆广东革命政权。他们还耍出最卑鄙的伎俩，密谋暗杀左派人士，廖仲恺首当其冲。当时加入国民党的共产党人谭平山和当时以“左派”面目出现的汪精卫、蒋介石也被列入暗杀黑名单。

暗杀廖仲恺的阴谋在胡汉民家中悄悄地进行。后来的史料证实，以胡汉民、邓泽如、邹鲁等为首的一批在国民党党内和政府内握有实权的右派，经常在胡汉民家召开秘密会议，商量对策。在廖仲恺遇害前的一个多月里，“接连开会密谋十一次之多，每隔数日即开一次”。参加会议的有对廖仲恺嫉恨的失意军人魏邦平、梁鸿楷，曾被廖仲恺革职查办的国民党内败类朱卓文，无聊政客林直勉，不满胡汉民地位下降（由代大元帅高位降为外交部长）的胡汉民堂弟胡毅生，以及窃踞广州市公安要职的吴铁城等十多人。

在廖仲恺遇害前十多天，社会上就传言四起，风雨满城。廖仲恺听到右派故意放出要杀害自己的风声，一笑了之。何香凝是在8月13日才听到右派阴谋杀害丈夫的风声的，她深感问题严重，便同丈夫商量说：“既然有人谋算行刺，你可多加两个卫兵防备一下才是。”

廖仲恺对妻子的劝告不以为然地回答说：“增加卫兵，只能捉拿刺客，并不能阻挡他们行凶，我是天天到工会、农会、学生会等团体去开会或演说的，而且一天到晚要跑几个地方，他们想要谋杀我，可以装扮成工人、农民或学生模样，混入群众中间下手。我平生为人做事，凭良心，自问没有什么对不起党、对不起国家、对不起民众的地方。中国不联俄、联共就没有出路。他们如果安心想来暗杀，防备也是没有用处的。总之，生死由他去，革命我总是不能松懈一步的。”

何香凝望着丈夫坚定、坦荡的神色，认为廖仲恺说得很有道理，但总觉得还是防备一下为好，便设法增派了一名便衣保卫人员跟随着丈夫，并通知广州市公安局局长吴铁城加以防范。善良的何香凝哪里知道吴铁城就是参加谋害自己丈夫那一伙的。

1925年8月18日，在国民政府的一次会议上，时任国民政府主席的汪精卫写条子递给身旁的廖仲恺，告诉他说听到有人将对他不利，请他注意。廖仲恺耸耸肩笑道："我们都是预备随时死的，那有什么关系？"

8月20日上午9时许，何香凝催着清早起来就忙工作的丈夫出门，一起驱车到国民党中央党部（今越秀南路93号）参加国民党中央执行委员会第106次会议。随车只有一名卫兵。途中，他们遇见国民政府监察院委员、《广州民国日报》编辑陈秋霖，便载他同车而行。在他们行车途中，已有刺客跟踪，在平时警卫森严的中央党部门内，也潜伏有刺客。当汽车在党部大门前靠停后，何香凝刚下车即被妇女部的一位女同志叫

当年中国国民党中央党部（广州越秀南路）门首的现状。1925年8月20日，何香凝和丈夫廖仲恺在这里遭遇凶徒伏击。廖仲恺不幸遇难。（王崇武 摄）

住谈话，而廖仲恺、陈秋霖下车后即向大门走去。在门前登上第三级石阶时，即遭潜伏在骑楼下、大门铁栅内的暴徒枪击，廖仲恺身中四弹。

何香凝听到“啪啪啪啪啪”好像爆竹一样的声音，转脸过来，惊见丈夫已倒在地上，陈秋霖痛楚地走了两步也倒下去了。随行的卫士举枪击中一名凶手后也被其他凶手击中躺在地上。何香凝意识到有人行刺，一面大喊捉人，一面趋步向前俯身托起丈夫，就在这时又是一阵枪响，子弹从她头上嗖嗖地飞过去，还感觉得到子弹热气。凶手们不顾受伤的那位同伙，仓皇逃跑了。妇女部一位女同志刘家桐从党部里跑出来，帮助何香凝架起廖仲恺。只见满地殷红，廖仲恺衣服上的鲜血，还点点往下滴。

何香凝强忍着悲痛和愤恨，和刘家桐及赶来的人把廖仲恺和陈秋霖架上汽车，送往百子路广东大学公立医院抢救。廖仲恺因中弹于头、胸、肺、腹四个重要部位，当汽车于上午10时15分疾驰到医院时，才发现他已在途中与世长辞，为中国民主革命流尽最后一滴血，终年48岁。身受重伤的陈秋霖也在8月22日不治身亡。

经历一场生死劫的何香凝如何面对这残酷的现实呢？且看下一章详述。

二十、化悲为勇女中豪

廖仲恺不幸遇害，是中国近代史上一桩有重大影响的事件。在第一次国共合作黄金时期，在距孙中山辞世仅5个月时间里，国民党左派旗帜廖仲恺倒下去了，人们立即陷入一阵恐慌和忙乱之中。在案发当天召开的中国国民党中央执行委员会、国民政府委员会、军事委员会的紧急会议上，汪精卫、蒋介石、许崇智三人被授权组成特别委员会，授以政治、军事、警察全权，负责应对时局并处理“廖案”。胡汉民因其堂弟胡毅生直接参与“廖案”有牵连，而被排斥于特委会之外。“廖案”的发生，蒋介石“受益”最大，为他攀登权力高峰创造了有利条件。

特委会成立后，蒋介石迅即以广州卫戍司令名义宣布全城戒严，命令何应钦率领国民革命军分布市区警戒，并派兵驻防白云山、观音山等制高点阵地，从而控制整个广州市。

接着，革命政府公布廖仲恺遇刺殉国的情况，“特颁治丧费1万元，准予国葬”，并令全体文武官员及士兵一律臂缠黑纱七天，机关降半旗三天，为廖仲恺致哀。

廖仲恺牺牲的消息传开，黄埔军校师生、革命部队将士、省港大罢工工人、广州各界、广东各地农民皆非常激愤，纷纷声讨主谋者。

何香凝对丈夫的遇难更是非常沉痛，满腔悲愤。她把醒女、承儿召集到医院，一起守护在廖仲恺遗体旁，重温廖仲恺三年前在狱中写下的《留诀内子》、《诀醒女、承儿》诗篇。她耳边仿佛听到丈夫的声音：

“后事凭君独任劳，莫教辜负女中豪……”她在心中念叨着：仲恺啊仲恺，你一路走好，我决不会辜负你的期盼。反革命的枪声没有吓倒我，你放心吧，安息吧！

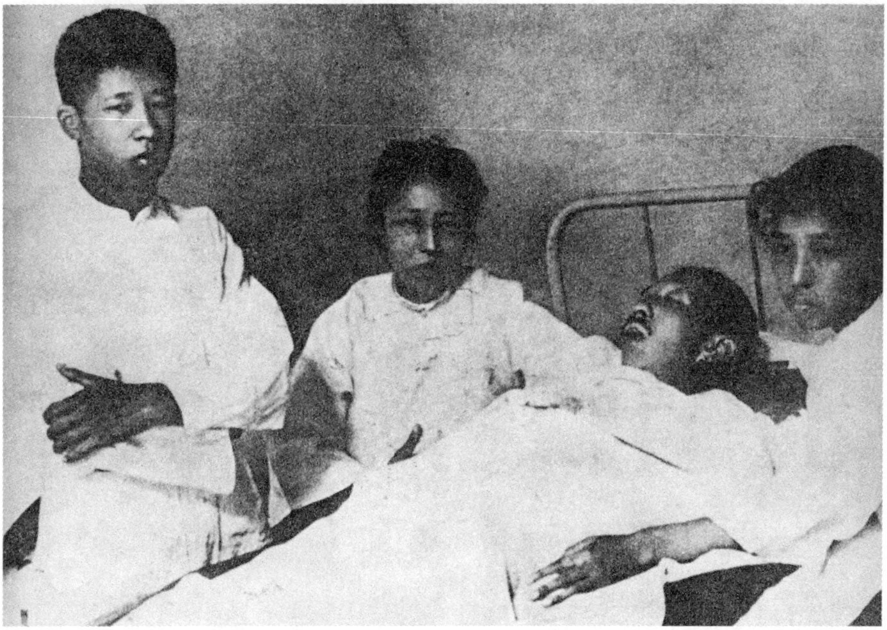

何香凝满腔悲愤，和儿女守护在廖仲恺遗体旁。

的确，何香凝以坚强的意志强忍国仇家恨的悲痛，化悲为勇，以大无畏的气概通过报界向全社会宣告：“苟利于国，则吾举家以殉，亦所不惜！”她还挥泪写下挽联：

致命本预期，只国难党纷，赞理正需人，一瞑能无遗痛憾？

先灵就勉慰，使完功继事，同魂齐奋力，举家何惜供牺牲！

廖仲恺入殓后从医院移灵到国民党中央党部小礼堂，设灵堂供各界拜祭。何香凝坚持守灵和接待络绎不绝的各界吊唁者，其中多数是工人、农民、兵士，也有不少是她认识的共产党员。中国共产党中央委员会郑重其事地发了唁电，高度评价廖仲恺对中国革命的重要贡献，也给何香凝增添了化悲为勇的力量源泉。

8月25日，国民政府以国葬级别为廖仲恺举行隆重的追悼会。汪精卫、蒋介石深知廖仲恺德高望重，所以也显得特别悲痛。汪对廖的悼文口号尤为悲壮，蒋则反复喊叫“为廖党代表报仇”，并几乎成了他当时的口头禅。而共产党人周恩来、邓中夏等人的祭文情深意诚，联系实际。所有这些，仍沉浸在悲痛中但头脑非常清醒的何香凝看在眼里，记在心上。

关于廖仲恺墓地问题，宋子文提议葬于南京中山陵侧。而深明大义、顾全大局的何香凝则考虑到中山陵尚未竣工，以及广东革命政府正准备北伐军事行动，暂不宜远葬南京。她与朱执信夫人商定，廖仲恺遗体暂时运往广州沙河顶驷马岗，附葬于朱执信墓旁。

9月1日，廖仲恺出殡。党、政、军官员，黄埔军校师生，省港大罢工工人，广州各界群众和省内农民、工人代表纷纷前来送葬。苏联、印度、法国、土耳其、保加利亚等国也派代表参加，共计20多万人。其行列之浩大、阶层之广泛、场面之悲壮，为广东史上罕见。

从国民党中央党部越秀南路到沙河顶墓地，到处都是人山人海。何香凝和儿女乘坐黑色汽车在七八里路上开开停停，缓缓行进。何香凝的眼睛都哭红了。她泪眼模糊地看到黑压压的人群中，在送葬队伍前列，两名身材高大的男子扛着白布黑字横幅，“精神不死”四个大字尤令她注目。

到了墓地，时任黄埔军校政治部主任、廖仲恺生前合作共事的共产党人周恩来等人已经候在那里。他们缓步上前搀扶着何香凝，使她感到很大的安慰。在后来漫长的革命征途中，周恩来和夫人邓颖超对何香凝非常敬重，对她一家的关照已成为历史佳话。

葬礼结束后，何香凝把“精神不死”的白布黑字横幅要了回来，挂在东山“双清楼”的家门口，既表示对帝国主义和国民党右派分子杀害廖仲恺的抗议，也表示自己要继承丈夫革命遗志的决心。她还把廖仲恺血衣收藏起来，以铭记国仇家恨，寄托哀思和教育下一代。可惜廖仲恺血衣在抗日战争中散失，至今下落不明。

廖仲恺是被香港的英帝国主义者勾结国民党右派集团收买凶手杀害的。这已是历史定论。但是幕后主谋者是谁？虽然抓到受伤凶手陈顺，也拘捕过重大嫌疑人胡毅生、林直勉、朱桌文等人，但陈顺伤重身亡了，因证据不足，嫌疑人也放了。此后多年，曾口口声声要为“廖党代表报仇”并掌握实权的蒋介石，从来没有认真彻查“廖案”的主谋者，致使“廖案”尤了未了，不了了之。

何香凝一家对汪、蒋负责“廖案”的不力处理是极其不满的，但何香凝从革命大局出发，没有为此纠缠不放，她多次责骂蒋介石都是为党国和民族存亡大事，而从来没有为“廖案”责骂蒋介石。

丈夫的遇难对何香凝来说犹如万箭穿心，她极度悲痛。按照当时广州俗例，生者要给逝者做“头七”、“二七”、“三七”之类的拜祭，但何香凝不搞这类形式主义，而是在丈夫遇难的“头七”，即8月27日，强忍着巨大的悲痛，出席省港罢工工人第十八次代表大会，并在会上发表慷慨激昂的演说。她分析廖仲恺被害原因之后说：“我中国以农立国，农民最多，工农阶级实占全国人民的百分之九十以上，大多缺乏知识，生活艰苦。所以，孙先生主张国民革命，就特别注意于工农阶级。因为工农阶级所受之痛苦最深，而革命的力量亦最大。廖先生秉承孙先生之志，依照国民党党纲，力谋扶助农工，使之同向国民革命路上走，以打倒帝国主义，而达到吾民自由平等之目的。”她还说：“共产党的主张也是打倒帝国主义，故廖先生曾说：‘想要打倒帝国主义，非与共产党亲善不可，更非注意于最有革命力量的工农阶级不可。’”

何香凝如此旗帜鲜明地阐述联合共产党、扶助农工阶级的政治主张，在国民党右派势力日益猖狂的时刻，显得更加难能可贵、大勇无畏。

廖仲恺尸骨未寒，盘踞在东江一带的陈炯明在英帝国主义支持下，更是疯狂招兵买马，策划军事行动，妄图反扑。广东革命政府为此当机立断，组织第二次东征。

1925年10月，悲痛未消的何香凝即率领汪精卫夫人陈璧君、蒋介石夫人陈洁如等人亲赴惠州前线慰问国民革命军，并派妇女部高恬波、黎沛华等人赴虎门慰劳驻扎当地的第四团官兵。与此同时，何香凝化悲痛为力量，发起组织“援助海丰农民自卫军筹备会”和“军人家属妇女救护员传习所”，积极开展援助和救护工作，大力支持东征。这些活动，鼓舞了部队士气，增强了军队战斗力，在农民运动的配合下，终于大败陈炯明，取得东征的完全胜利，而何香凝功不可没。

廖仲恺逝世后，国民党右派分子纠合在一起弹冠相庆。1925年11月23日，以谢持、邹鲁为头目的右派集团在北京西山碧云寺非法召开所谓国民党一届四中全会（史称“西山会议”），通过《开除国民党中央执行委员中的共产党员》等议案。国民党左派与西山会议派作针锋相对的斗争，于12月在广州正式召开中国国民党一届四中全会，指出谢持等人召开的四中全会是非法的，开除共产党员等议案也是理所当然无效的。四中全会还研究了对西山会议派的处理，并决定于1926年1月在广州召开中国国民党第二次全国代表大会。

1926年1月1日至19日，国民党“二大”在广州召开，代表中的国民党左派（包括共产党员）占优势。何香凝以国民党妇女部长身份参加大

何香凝继承孙中山、廖仲恺遗志，继续与共产党人合作。1925年10月，她当选为国民党广东省党部执行委员兼妇女部部长后，与共产党人彭湃（前排右二）、杨匏安（后排右二）等合影。

会。孙夫人宋庆龄在大会开始后的1月7日才从上海抵达广州参会。何香凝发动中央和省妇女部同仁，组织省港罢工工人、各界代表约2万人到天字码头迎接，以营造有利于国民党左派的气氛。她还与宋庆龄彻夜长谈，讨论斗争形势。

1月8日，何香凝委托共产党人邓颖超代她作《妇女运动报告》，而她本人在大会发表演说，报告了廖仲恺遇刺身亡的经过，痛斥反共的右派势力，重申孙中山三大政策。最后，她指出："我们联合共产党是要联合世界弱小民族；共产党联合我们，是因为我中国人口占弱小民族三分之一数，因此我们与共产党必须合作，共同奋斗，打倒帝国主义，达到我们革命成功，进而世界大同。"

同一天，宋庆龄也在大会发表演说，赞扬国民党改组后的成绩，谴责违背孙中山遗训的右派势力，强调要忠实地执行三大政策。

由于何香凝、宋庆龄等国民党左派和共产党人的共同努力，大会通过了《接受总理遗嘱决议》、《弹劾西山会议派决议》，决定对西山会议派首要分子谢持、邹鲁作永远开除党籍的处分，对参加西山会议的其他成员附和者分别给予警告或批评，从而沉重地打击了国民党右派势力。

大会选出了包括何香凝、宋庆龄在内的36名中国国民党第二届中央执行委员，其中有以个人身份加入国民党的共产党员李大钊、谭平山、林伯渠、吴玉章等七人；24名中央候补委员中，有毛泽东、邓颖超等共产党员七人。何香凝后受宋庆龄和国民党中央执行委员会委托，代理中央妇女部部长并担任广东省党部妇女部部长。

1926年1月，何香凝在国民党“二大”当选为中央执行委员。图为何香凝（前排右四）组织广州妇女欢迎宋庆龄（前排右六）从上海前来广州参加“二大”后合影。

国民党“二大”选出的中央执行委员会，仍然是右派和中间派占优势，并使蒋介石掌握了军权，为其后来篡夺国民党最高的领导权创造了条件。

1926年3月20日，蒋介石为进一步夺取军权，策动了反共的“中山舰事件”。蒋宣布戒严，逮捕海军局代局长、共产党员李之龙，强迫以周恩来为首的全体共产党员退出国民革命军第一军，并派兵包围省港罢工委员会机关和苏联顾问办事处及顾问住宅。

事件发生的当天下午和第二天，甚为气愤的何香凝先后两次找蒋介石、一次找汪精卫论理。她声色俱厉地质问蒋介石是不是发了疯，还是想投降帝国主义。她还进一步斥责：“总理死后，尸骨未寒；仲恺死后，血也未干。你不想想，苏联对我们的帮助很大，只有苏联才可以帮助中国打通将来革命的出路前途，你昨夜那样对待苏联人，太背信弃义了，以怨报德，违背了孙中山的主张，使革命前进衰落，你将何以对孙先生？”

何香凝敦促蒋介石找时任国民政府主席汪精卫和几个共产党人说说，尽快妥善处理事件。适逢邓演达也到蒋介石这里来了，于是三人一起到汪精卫处。谭延闿、朱培德、陈璧君等人也先后来了。大家见到何香凝怒气未消的脸色，有半个小时都默不做声。最终还是何香凝先开腔：“昨天所做，是错了，但可以改过来。”

蒋介石理屈词穷，哑口无言，最后只说一句话：“说我错了，我就辞职不干黄埔校长吧。”他随即打电话到司令部给军官韦东声，命令包围苏联顾问办事处及住宅的军队全部撤退。之后不久，又释放被捕的共产党人。

何香凝大勇无畏、胆色非凡的言行，是孙中山、廖仲恺的爱国革命精神激励着她。真是“仲恺虽死灵明在，香凝不愧女中豪”！

二十一、办学报国酬君愿

1926年3月下旬，阴雨霏霏，连日不断。从小熟读唐诗的何香凝脑际萦绕着“清明时节雨纷纷，路上行人欲断魂”的诗句。中华民族传统拜祭先人的清明节快到了。何香凝这几天更加思念先夫，夙夜难寝。3月26日凌晨，何香凝挑灯夜读，浮想联翩，含泪写下题为《有感》的一首诗：

辗转兰床独抱衾，
起来重读柏舟吟。
月明霜冷人何处？
影薄灯残夜自深。
入梦相逢知不易，
返魂无术恨难禁。
哀思唯奋酬君愿，
报国何时尽此心？

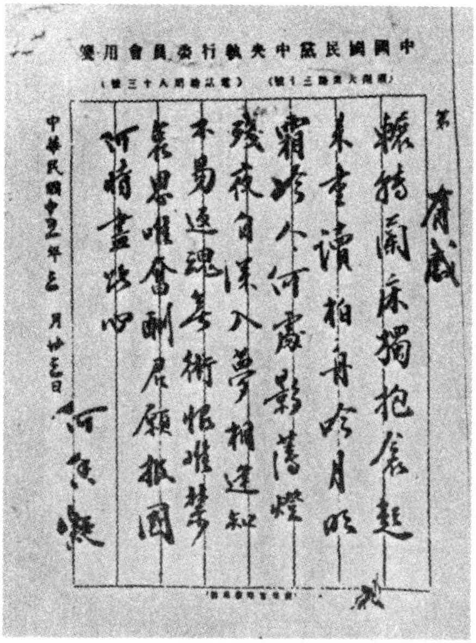
中國國民黨中央執行委員會用箋
有感
輾轉蘭床獨抱衾起來重讀柏舟吟月明霜冷人何處影薄燈殘夜自深入夢相逢知不易返魂無術恨難禁哀思唯奮酬君願報國何時盡此心
中華民國十五年三月廿六日
何香凝

1926年3月，何香凝写下《有感》一诗，深切怀念丈夫并表达尽心报国之志。

在清明节的前两天，何香凝在醒女、承儿和时在广州的内侄何品良、何品枢等陪伴下，悄悄来到廖仲恺临时墓地，拜祭先魂。何香凝在墓前默默地向丈夫禀告诀别半年来斗争的经过和正在筹办仲恺农工学校的事。

廖仲恺遇害后，何香凝与詹似菊、邓青阳、郭威白等八位国民党员提议在广州建筑仲恺纪念公园，其内设农工学校。此议案于1925年10月5日在中国国民党中央执行委员会第117次会议上获全体一致通过。会议还决定组织成立仲恺纪念公园筹备委员会。委员除何香凝外，还有党、政、军要人谭延闿、汪精卫、古应芬、伍朝枢、宋子文、邓泽如、朱培德、蒋介石等。10月11日，筹委会在中央党部召开第一次会议。会后，此筹委会改称为“仲恺先生纪念筹备委员会”，并马上开展勘查征地工作。

然而，征地问题屡屡受阻。先是中山路旁，后是西瓜园公地，始终无法落实。眼看建园规划落空，何香凝心里焦急。她多次往返于国民政府与广东省政府之间，据理力争。她横下一条心，仲恺纪念公园办不成，也要办成仲恺农工学校，政府不给钱，自己也要卖画筹款办学。

何香凝苦思冥想，忽然想起八年前携子探秘孙中山大元帅府的时候，看到大元帅府东侧石涌口一带有一片旷野滩涂和低洼农田，不禁眼前一亮。经过她不懈努力，积极争取，1926春，国民政府指示划拨大元帅府旧址东南一带共250余亩土地为仲恺农工学校校园及实验农场用地。

仲恺农工学校筹备委员会在原仲恺先生纪念筹备委员会的基础上，经过调整和充实而成。成员名单如下（按繁体字姓氏笔画多少为序）：谭延闿、蒋介石、邓召荫、廖梦醒、詹似菊、许崇清、区觉孟、陈璧君、陈树人、陈公博、徐苏中、马洪焕、林森、汪精卫、宋子文、李济深、何香凝、何品良、朱培德、伍朝枢、伍光大、古应芬。

随后，何香凝决定组建仲恺农工学校董事会，聘时任广东省教育厅厅长、著名教育家许崇清为校董会主席，校董有何香凝、蒋介石、宋子文、孙科、金曾澄、许其务等。

1926年3月，何香凝又设立办实事的仲恺农工学校筹备工作处，暂借大元帅府旧址房舍办公。何香凝亲自挂帅，请何品良、陈颂硕等15人参加具体筹备工作。

当时，国民革命政府正在组织北伐，国库空虚，只能拨大洋2万元以补助仲恺农工学校的创办，其余经费主要由何香凝和校董会筹措。当要创办仲恺农工学校的消息传开后，社会各界反应热烈，尤以黄埔军校师生和省港罢工的工人最为积极热情捐资兴学，令何香凝深为感动。

廖仲恺当年曾被军校师生誉为“黄埔慈母”。如今，黄埔军校校长蒋介石深知廖仲恺之崇高声望，自己又是仲恺农工学校筹备委员、校董会成员，所以他便领衔黄埔军校教官、职员、学生捐大洋3万元，助建仲恺农工学校学生宿舍楼。此楼两层，2000多平方米，成为学校的主楼。二楼正中悬挂着“仲恺农工学校”横牌，而在楼顶上特设楼匾，上书落款蒋中正（即蒋介石）题的四个大字——“精神不死”。

为扶助农工，何香凝领衔创办仲恺农工学校并任校长。图为黄埔军校师生捐建的仲恺农工学校主楼。黄埔军校校长蒋介石题写楼匾“精神不死”。

省港罢工委员会在共产党人苏兆征等领导下，召开了代表大会，作出了为仲恺农工学校募捐的决议：各委员每人捐10天津贴费，各部职员

捐1天津贴费，罢工工人每人捐1角钱，代表大会代表每人多捐一星期津贴费，其他阶层民众也热烈支持。集腋成裘，聚沙成塔，广州各界共捐资5万余元。新加坡、马来西亚的华侨胡文虎、廖冰筠等也汇回大洋近1万元，支持何香凝领衔创办仲恺农工学校。

何香凝对海内外各界如此热烈支持创建仲恺农工学校感到无限欣慰。她聘请广州著名设计师进行总体设计，及时建成学生宿舍楼、课室、理化实验室、图书馆、测候室、蚕舍、制丝工场、学校办事处、农场办事处等校舍，建筑面积达1.6万多平方米；还开辟了有桑园、果园、鱼塘、稻田在内的实验农场168亩许，为仲恺农工学校的开办创造了物质条件。

对设置学科、聘请教师、制定办学方针等，何香凝认真听取教育家许崇清、金曾澄等人的意见，联系当时国情对人才需求的实际，提出学校分农科和工科，但苦于经费紧缺，故先办农科。而农科又分为蚕桑科、农艺科，以养蚕、制丝为重点。她于1926年4月20日复省港罢工委员会函中作了这样的阐述："盖仲恺先生生前致力于工农运动，而对我国蚕丝业落后尤为关心，时以提倡改良蚕种为念，今不幸工作未完，身遭奸徒狙击，以致其志未能实现。故国人等发起筹建仲恺纪念公园及农工学校，即本其未竟之志，以改良蚕种为要目，故农工学校内容先设蚕桑一科，晚间则设工人补习班。若该校发展，则吾国丝业前途不致落后，经济方面或可挽回，是纪念仲恺先生，亦即救国之道也。"

何香凝为聘请教师，建立高质量的师资队伍做了很多艰苦工作。她在日本留学期间，结识了一批留学日本的专家、学者，为了聘请他们到仲恺农工学校任教，她通过发函联系或登门面恳等多种方式，宣传办学宗旨和设想。学校由此聚集了一批学者名流，如国内蚕桑专家杨邦杰、国际著名遗传学家和养蚕专家桂应祥（朝鲜人）、国内农艺专家麦应瑞等。他们自愿放弃原有的高薪职位，先后到仲恺农工学校任教。

何香凝创办仲恺农工学校的宗旨是切实扶助农工，学校大门为农工子弟敞开。她还制定了符合国情和学校实际的教学方针：不徒高深学理，而注重实验，以训练中级技术人才。

在筹建仲恺农工学校期间，何香凝仍然以饱满的战斗激情参加国民革命各项政治活动。最为突出的是组织参加省港罢工的女工进行生产自救，以及组织妇女支持北伐战争。随着北伐军的节节胜利，国民党中央党部和国民革命政府从广州迁至武汉。1926年12月7日，何香凝也离广州赶赴武汉工作。临行前，她来到即将竣工的仲恺农工学校视察一番，在校园西区的廖仲恺先生纪念碑前沉思良久，低声诉说："仲恺你安息吧！我一定继承你扶助农工的未竟之志，把仲恺农工学校办好。"随后，她又对跟在身边的内侄何品良说："学校筹备委员已多数离粤，我也即将北上，学校的事你多费心。"

1927年初春，由许崇清、陈树人召集仍留粤的仲恺农工学校筹备委员开会，"议决是年3月招生开课，在廖夫人未回粤之前，校务由何品良以校务主任名义负责办理"。直至当年冬，回粤的何香凝再次召集在粤筹备委员开会，公推何香凝为仲恺农工学校校长，何品良为副校长。

木棉花开后，春催桃李红。来自广东各地农村98名农家子弟，带着惊喜的心情和春天的希望，走进仲恺农工学校崭新的校园。1927年3月26日，以扶助农工为宗旨，以廖仲恺名字命名的仲恺农工学校正式开学了。

何香凝任仲恺农工学校校长长达15年。在她的领导下，学校既培育扶助农工人才，更培育出优良蚕种"仲恺号"系列品种，广泛推广，振兴了20世纪30年代中国的蚕丝业，使广大蚕农、制丝工人增产增收。何香凝不再担任校长后，学校先后易名为广东省仲恺高级农业职业学校、仲恺高级农业技术学校、仲恺农业学校、仲恺农业技术学院、仲恺农业工程学院。她生前多次到学校视察，激励师生办好学校，报效祖国。现在的仲恺农业工程学院，已经发展成为有本科生、硕士研究生共17000多人、50多个专业的高等学府，每年为国家输送数千名高级人才，了却了何香凝当年的办学心愿。

何香凝为办好仲恺农工学校，曾经出国卖画，五次迁校等曲折而辛酸的经历，容当后述。办学报国，谈何容易！真是仲恺英名流芳百世，香凝办学功在千秋。

仲恺农工学校历经沧桑，几度易名，现已办成综合性本科学院。图为仲恺农业工程学院南门。（学院办供图）

二十二、冲破迷雾弃职守

随着北伐战争的胜利，身为国民革命军总司令的蒋介石，妄图实现其军事独裁，篡夺国民党中央和国民革命政府最高权力。他一方面与当时国民党左派仍占优势的武汉革命政权作对抗，另一方面还紧锣密鼓地在各地策划清除共产党的军事行动。1927年4月12日，他在上海举起反革命屠刀，疯狂屠杀共产党人和革命群众。

何香凝对蒋介石的倒行逆施极为愤慨。4月13日，她在国民党湖北省党部、汉口特别市党部联合召开的大会上，发表讨蒋演说，一针见血地指明："廖先生在世时常说，反农工即反革命，现在蒋介石居然反农工了。我们怎样对付呢？就只有照廖先生的话，打倒这些反动派！"

4月15日，广州也发生了反共势力屠杀共产党员和工农群众的事件。消息传来，何香凝痛心疾首，于4月19日愤而致电广州政治分会和广东省政府声明："香凝现决辞政治分会及省政府委员职，特此电达。惟有所请求者，仲恺农工学校经费望予以维持，并恳爱护黄埔学校及农工。"

4月22日，何香凝又与宋庆龄、汪精卫、谭延闿、孙科、宋子文、谭平山、邓演达、张发奎、恽代英、毛泽东等40名中国国民党中央执行委员、候补委员、监察委员、国民政府委员、军事委员会委员联名发表《讨蒋通电》，声讨蒋介石自恃北伐有功，由反抗中央进而在南京自立中央，与帝国主义妥协，与北方军阀勾结，"以反共产口号，博其欢心，更不惜屠杀民众”等罪行。通电号召党政军民认清蒋介石的反革命真面目，“去此总理之叛徒，本党之败类，民众之蟊贼！”在《讨蒋通电》的号召和国民党左派人士推动下，武汉等地掀起群众性声势浩大的讨蒋运动。

何香凝支持北伐。1926年7月在欢送北伐将领时留影于广州黄沙车站。左起为鲍罗廷、顾孟余、鲍罗廷夫人、何香凝、陈洁如、嘉伦、蒋介石、谭延闿、吴稚晖。坐者为张静江，小孩为蒋经国。

《讨蒋通电》的领军人物是汪精卫。在这一时期中，何香凝对披着“左派”外衣之汪精卫的真面目却缺乏正确的认识，并对他寄予极大的幻想。

汪精卫本名汪兆铭，早年因谋刺摄政王载沣被捕入狱，并慷慨激昂写下“慷慨歌燕市，从容作楚囚，引刀成一快，不负少年头”的《被逮口占》而一举成名天下知。孙中山生前，汪精卫在言行上紧跟孙中山，支持改组国民党，拥护“联俄、联共、扶助农工”三大政策，深得孙中山的信任和重用。他被任命为国民党中央宣传部部长，又是国民党中央政治委员之一，位至国民党中央的领导核心；并辅佐孙中山北上，成为孙中山遗嘱的起草记录人。孙中山病后，国民党左、右两派斗争激化，善于周旋的汪左右逢源，在1925年7月成立的国民政府和军事委员会中，终于登上两个主席的宝座。此后，他以孙中山的忠实信徒自居而自命不凡。廖仲恺遇难后，他更以国民党左派领袖的姿态出现。蒋介石制造“中山舰事件”后，他又要出以退为进的把戏，以“迁地就医”（糖尿病）为名，请长假赴法国隐居起来，任由蒋介石和右派分子兴风作浪。直至1927年2月下旬，在武汉中国国民党中央执行委员及国民政府委员临时联席会议上，江苏、安徽、湖北、汉口等30多个省市党部的《请汪精卫销假复职》提案，获一致通过，还作出“敦促汪主席即日销假、复职……迅速到汉”的决议。与此同时，国民党各省党部和群众团体也纷纷电请汪精卫回国主事。在一片“迎汪复职”的声浪中，何香凝也表示可以亲自前往法国“迎汪同志回国”。她在整装待发之际，汪已离法国取道柏林、莫斯科翩然回国，于4月1日抵上海，4月10日抵武汉。

在武汉市各界民众的欢迎大会上，汪精卫的口才发挥得淋漓尽致，慷慨陈词，获得热烈掌声。他还在刊物上题词：“中国国民党革命到了一个严重的时期，革命的往左边来，不革命的快走开去。”

何香凝也被感动了，想当年，汪刺杀摄政王的豪气，拥护孙中山的忠诚，纪念廖仲恺的恳切（为廖仲恺故乡建立的第一个纪念碑撰写数千字碑文及支持创立仲恺农工学校），内心不禁对汪充满幻想，希望他能接过孙中山、廖仲恺的火把，燃起国民革命熊熊烈火。然而，政治风云变幻莫

测，居心不良的政治野心家可以翻手为云，覆手为雨。汪精卫虽然常喊“反共就是反革命”等激烈言词，但当他看到共产党领导的工农运动蓬勃兴起，就害怕起来了，并逐步反对了。他开始压制日渐高涨的工农运动，指责其“过火”、“过激”，并颁布了一连串限制工农运动的法令、条例，袒护镇压工农运动的反动军官、地主和资本家。不到三个月时间，汪精卫从极左转为极右，进而转为反对工农、反对共产党了。

北伐军攻克武汉后，国民党中央和国民政府由广州迁武汉。图为1926年12月何香凝在汉口庆祝北伐胜利大会上演讲。

一宗国际重大的“漏密事件”导致汪精卫加速“分共”反共步伐。1927年6月，共产国际代表罗易竟然把共产国际发给他和鲍罗廷的机密文件《五月紧急指示》的副本私自送给汪精卫。该指示的内容大意为：实行土地革命，从下面夺取土地，吸收更多新的工农领袖参加国民党中央委员会，改变现在国民党的结构，动员两万左右共产党员以及湖南、湖北的革命工农，组成了可靠的新军队，组织以有声望的国民党人为首的军事法庭，惩办反动军官，等等。

汪精卫看过指示后，觉得重要时机已经到了。他毕竟是国民党人，无法超越一党之利而顾及工农利益了，于是他决心反对代表工农根本利益的共产党了。他利用指示中一些足以刺激国民党人的话，大肆宣扬共产党要取代国民党，以此作为和共产党“分家”的口实，蓄意反对共产党。长江风高浪急，武汉一片迷雾……

何香凝故事

1927年7月15日下午，在汉口国民党中央党部，汪精卫主持召开国民党中央执行委员会第二届常务委员会第二十次扩大会议——正式“分共”会议。何香凝出席这次会议并两次发言。据该会议《速记录》记载，一次是关于“派遣重要同志赴苏俄，讨论切实的联合办法”的人选问题，还有一次是关于下令说明“不因限制共产分子而停止农工政策之活动”问题。参加这次“分共”会议的共有17人，但其中只有中央执行委员12人才有表决权。会议记录表明，无人反对汪精卫提出的三个议案的表决。所以，从发言、表决的情况判断，何香凝对“分共”之事是赞成或默认的。

1927年7月下旬，何香凝离开武汉赴上海途中于江西庐山留影。

“宁汉合流”反共后，蒋、汪的矛盾并未解决，中国政局错综纷乱，何香凝陷入迷惘和彷徨之中。1927年间，对中国共产党有不恰当的损贬之词，也发表过谴责共产党的言论，在“八·一”南昌起义失败后，参加过诸如“庆祝肃清共逆贺叶叛军大会”等活动，提出“要‘肃清’共产余孽”。

何香凝由坚定地支持“联俄、联共、扶助农工”三大政策转而支持“分共”，这不是偶然的。著名历史学家尚明轩分析考证认为：“当时，何香凝作为资产阶级革命家，赞成‘联俄、联共、扶助农工’，其前提是在资产阶级领导之下，由国民党去联俄、联共、扶助农工。共产国际的指示，使她感到构成了对国民党领导地位的威胁，而其时正在火热展开的工农运动也确有些不切时宜的过火之处。这些使作为长期坚持国民党本位的、忠实的老国民党员，为了不让自己的党受到贬损甚至被他党所取代，支持‘分共’以‘救党’，以便更好地实现对中国革命的领导，是完全合乎她的思想逻辑的。”

但是，何香凝的“分共”是希望共产党反省，限制共产党而不是要杀害他们，而且不因“分共”而影响扶助农工，更要保护农工。因此，她对汪精卫、蒋介石合流反共和屠杀工农民众保留了很大的不同意见。

1927年的中国，一片白色恐怖，到处刀光剑影，一大批共产党员和爱国志士惨遭汪、蒋杀害，何香凝感到困惑、彷徨、忧虑、苦闷，心神不安，时而上庐山小住，时而奔往沪、宁之间，时而游走粤、港等地，来去匆匆。

同年10月，何香凝又回到上海。屡屡遭何香凝责骂的蒋介石，也许出于某种心计，请何当他和第三任妻子宋美龄结婚的“证婚人”，并请何女儿廖梦醒当宋美龄的伴娘，廖梦醒拒绝了，但何香凝认为这是说服蒋介石停止迫害共产党人的一个机会，便出席12月1日蒋、宋在上海举行的婚礼，并作为6位证婚人之一，在证婚书上签字。同时对蒋晓以大义地苦心劝告，但蒋根本不予理睬。

1928年夏，何香凝因长期烦恼郁闷而心脏病复发，为排遣苦闷和养病，便携爱子廖承志应时任浙东上虞春晖中学校长经亨颐之邀，前往上虞白马湖休养月余。在这里，她有时在湖上垂钓，有时在湖边寓所作画。经亨颐还在春晖中学组织书画家雅集联谊活动，何香凝便与诗书画各名家夏丏尊、朱自清、丰子恺、朱光潜等密切来往，柳亚子、陈树人也专程前来聚会。

何香凝、柳亚子、陈树人、经亨颐这四位国民党元老欢聚一堂，无限愉快，作画吟诗。柳亚子诗曰：“入门快睹女之龙，病后孱躯起坐慵，湖海宾朋都磊落，山房今日见长松。”而何香凝则以诗明志，口占无题七绝三首：

（一）

一弯新月流水声，白马湖中万里明。

避世莫愁无插足，人间天上有双清。

（二）

已碎湖山恨无穷，烟笼江水雾笼空。

半亩蔬园宜避世，双清楼外满山松。

（三）

莫言冷落在山家，胜却都城过眼花。

九十春光留不得，高松何用羡繁华。

随着革命形势进一步发展，蒋介石、汪精卫反动面目进一步暴露，何香凝的思想也进一步明朗起来，开始认识到蒋、汪抛弃孙中山的三大政策，才是致轰轰烈烈的大革命失败且引起内战的罪魁祸首。待她终于对汪、蒋的幻想完全破灭之后，便解除了困惑，从一片迷雾中冲杀出来，在惊涛骇浪中拍案而起。她在国民党中央执行委员会的会议上公开谴责国民党当局反苏、反共的行径，明确宣称：“你们这样反苏、反共，我要辞去国民党内的一切职务，我要继续与共产党、苏联人来往，国民党的法律不能制裁我，我是遵守总理的遗言，蒋介石也无权制裁我，你们反苏、反共是你们的事。”

其后，汪精卫的改组派，蒋介石的黄埔系，分别派人拉拢何香凝，均遭到何的拒绝：“你们这些主张，外无世界弱小民族之同情，内无农工大众的支持，是行不通的。我不参加了，我不愿开你们的会，你们淘汰我好了。”

何香凝再也不愿与汪、蒋为伍，用她自己的话说，要“摒弃一切职守。嗣后，宁以画笔栖迟，维持清苦生活，不愿（与汪、蒋）同流合污，作国家民族的罪人”。

1928年年底，冲破迷雾的何香凝发表声明,毅然辞去国民党中央执行委员会委员，抛弃南京国民党当权者给她的一切职位，不拿他们一分钱薪俸（当局还硬是给她留着，后来她便将这些薪俸捐赠给抗日义勇军了）。

何香凝“无官一身轻”，但她还是仲恺农工学校校长。开学后，她回校视察过几次，感叹其规模小，设备简陋，于是便在1929年秋为支持仲恺农工学校发展而出国卖画去了。

二十三、飘泊天涯万里行

不愿与汪精卫、蒋介石为伍的何香凝决定出国，一以表示与国民党政权彻底决裂，二为仲恺农工学校筹款，以扩大办学规模，更好地扶助农工。从1929年秋至1931年冬，她在海外飘泊了两年又两个多月，足迹遍布菲律宾、新加坡、马来西亚、法国、英国、德国等多个国家，留下一连串感人的故事。

（一）卖画筹款　爱国华侨齐相助

1929年9月18日，何香凝携带自己的美术作品以及柳亚子、陈树人、丰子恺等其他名人字画200多幅，离上海，经香港，乘法国邮船出国。同行者有女秘书黎沛华、黄佩兰，她俩是南京市妇女协会成员，出于敬仰何香凝而自愿相随；还有两人是国民党高级军官张发奎的夫人刘景容和甘乃光的夫人陈杏容，她俩是出于“三光”（观光、沾光、卖面光）而随行。

第一站是菲律宾首府马尼拉。中国驻菲总领事邝某到码头迎接并陪何香凝一行到他所代订的豪华旅馆。次日，何香凝为省经费而改住平民旅社。

菲律宾华侨热烈欢迎和周到接待了何香凝一行。侨社派出两位女青年当翻译，并帮助安排书画展工作及陪同游览观光。其中一位女青年的父亲是开餐馆的，特邀请何一行到她家的餐馆吃饭。席间何香凝谈及祖国妇女运动和学生运动的情况，这个女青年深受感动，恳请何介绍她回国入学。后来，她果真拿着何香凝的介绍信回国入读广州女子师范学校。

在邝总领事及华侨中之某银行行长黄友清等热情帮助下，何香凝举办了书画展览会。随行者刘景容和陈杏容原本允诺不暴露自己身份的，但她俩唯恐人家不知其为高级官太，竟忘乎所以地自我介绍一番。因当时张发奎有意反蒋，很多华侨怕被牵涉进去，故不敢前来买画，所以卖画成绩不佳，筹款不多。

1929年秋，何香凝出国卖画为扩展仲恺农工学校募款时，于菲律宾马尼拉与爱国华侨合影。

何香凝在菲期间，应当地议会议长邀请做过两次演讲，介绍孙中山的革命历史，宣传民主革命。听众中有菲青年及华侨数百人，收到很好效果，一些华侨还写信给何香凝，表示问候和祝福。

第二站是新加坡。据《星洲日报》报道，1929年10月14日，何香凝抵达新加坡，受到侨领胡文虎、陈嘉庚及华侨各界人士的热烈欢迎。她先后在南洋女校、华侨中学、青年励志社演讲。11月4日，何香凝设座南洋酒店招待各界，在致辞中表明此行目的：“一以筹募仲恺农工学校基金；二以宣扬祖国文化。”会后，成立“新加坡华侨筹助仲恺农工学校经费书画展览委员会”。由胡文虎任委员长，陈嘉庚、林金殿等4人任副委员长，林义顺、张永福等124人为名誉委员。11月9日，筹助会在《星洲日报》发出文告，呼吁侨胞慷慨赞助：“为纪念革命先烈过去的功绩，为企求中国实业前途的发展，我们都应该诚恳和热烈地赞助仲恺农工学校。”11月17日至19日，书画展览会在中华总商会举办三天，开幕当天，出席者达五六百人。

第三站是马来西亚首府吉隆坡。11月21日，何香凝前往吉隆坡，在那里举行书画展三天后再返回新加坡。

何香凝虽然走到哪都受到华侨热烈欢迎，但也受到国民党右派分子指使的特务分子骚扰破坏，致使卖画筹款成绩平平。何香凝把筹得的款项分两次汇往仲恺农工学校，共计大洋10万余元，接近创校开办费总额。仲恺农工学校及时用这笔钱扩建1000多平方米校舍“乐干楼”（两层砖木结构的四合院），内设华南地区最大的蚕种冷藏库，既改善了学校养蚕育种科研工作的条件，又为珠江三角洲蚕农保存蚕种提供了方便，使农工受益不浅。

（二）心悬国事　途中含泪写诗篇

何香凝出国随身携带的除了字画、“文房四宝”外，还有一个清朝咸丰年代制造的铜质水烟壶。她从小养成抽水烟的习惯，壶不离手，烟壶被摸得亮锃锃的。这一天，她坐在邮船头等舱的观台上，一边把水烟壶抽得咕嘟咕嘟的响，吐出白白的浓烟，一边在观看那波涛汹涌的海浪，不觉心潮澎湃。她虽然离开祖国，飘泊天涯，但仍然对民族和党国的大事牵肠挂肚，心头久久不能平静。蒋介石反共围剿工农红军，引发内战，致使民不聊生的景象浮现眼前。她越想越悲愤，不觉诗兴大发，即步杜甫《兵车行》之意韵，写下《一九二九年出国途中有感》：

车摇摇，风萧萧，多少青年海外飘！
长驱直进何所畏？不怕狂涛与暗礁。
舟行世界千万里，飞机直上千云霄。
一望中原无净土，同胞血染赣江桥。

三民主义今非昔，污吏贪官民怨极。
帝国侵凌祸怎消？频年借债如山积。
金钱变作炮弹灰，到处肥田生荆棘。
可怜十室九家空，民穷财尽饥寒迫。
无情毒炮一声鸣，断送生灵千万亿。
牺牲为彼争地盘，空流鲜血无遗迹。
遥怜少妇泣闺中，望子思夫常叹惜。
不知已上断头台，梦魂相会各言哀。
留言后辈青年者，我等雄心且莫灰！
天生我才必有用，今天死了再胚胎。
前者牺牲后者继，此后无穷烈士来。
花开花落年年在，血冢黄花几度开！

何香凝忧国忧民之情，流露在字里行间。但她对革命前途充满信心，寄希望于后辈青年以及自勉："我等雄心且莫灰"！她不满汪、蒋合流反共，愤而弃职，出国之前，安排了醒女、承儿分赴法国、德国留学。同时，还热情帮助当年广州妇女运动讲习所学员（后来是她的部属）刘天素争取到官费留学法国。她说："国民党现在被搞得乱七八糟，你们年轻人还是出洋的好，等以后再回国发挥作用。"她写信告诉廖梦醒一俟在南洋各国书画展结束后就到法国去。时在巴黎大学文学院攻读教育专业的刘天素闻讯大喜，联系并组织不少中国留学生准备欢迎何香凝。

在吉隆坡的书画展结束后，黎沛华、黄佩云离开新加坡回国，何香凝则在刘景容和陈杏容的陪同下乘船经红海、地中海赴法国。在旅途中，何香凝有点惆怅，感怀国事紊乱而赋《往法国途中》，诗曰：

我岂忍心离故国？舟行万里物华清。
鸟飞有意传音讯，云出无心碍月明。
几载兴衰如一梦，卅年惨史待谁鸣？
停舟我亦凄凉日，忍听夷歌奏凯声！

（三）生活艰辛　拒用“人间造孽钱”

1929年11月初，深秋时节的巴黎，梧桐树落叶纷纷。在巴黎火车站，何香凝受到中国留法学生们的热烈欢迎。她和刘天素等青年学生一一握手。故人异地相逢，悲喜交集。何香凝一行先住巴黎旅馆，游览这个艺术之都的风景名胜后，刘景容和陈杏容回国去了，而何香凝则转移到巴黎市郊里拉顿岛居住下来，深居简出，专心作画，极少和外界人来往。唯有中国画家刘海粟慕名觅踪赴里拉顿岛拜访何香凝，他们两人才会面并合作了几幅画。

稍后，何香凝赴英国伦敦，居住在侄女何捷好、邓文钊夫妇家中，游览了伦敦塔桥、蜡像馆和海边等地。一段时间后，又返回巴黎。当时，22岁的廖承志在德国的港口城市汉堡读书。儿子受母亲的教育影响，在中国革命低潮时，毅然参加了中国共产党。所以他在汉堡读书期间接受党组织的派遣，担任汉堡国际海员俱乐部的特别党支部书记。相当繁忙的廖承志于1930年6月来到巴黎，陪同母亲从巴黎来到德国柏林，和原黄埔军校女生队队员、国民党中央妇女部的旧战友胡兰畦住在一起，度过三个月较为舒畅的时光。而让何香凝最为舒畅的是同最亲密的战友宋庆龄在异国相会。“他乡遇故知”比“久旱逢甘雨”还要喜悦。她俩有说不完的话，道不尽的情。她们一起参观古迹，游览名胜，回忆往事，展望未来。每当出门前，宋庆龄总要替何香凝梳梳头发，整整围巾，比亲姐妹还要亲热。

宋庆龄经常登门探望何香凝，两人谈起国内局势，少不了斥责蒋、汪倒行逆施，也回忆起在日本从事革命活动的艰苦岁月，感慨之余，雄心未灭。有一天谈到兴头上，何香凝挥毫泼墨作了一幅《菊石图》，并题诗一首：

惟菊与石，品质高洁。惟石与菊，天生硬骨。

悠悠清泉，娟娟皓月。惟菊与石，品质高洁。

让何香凝感到舒畅的是儿子还经常从汉堡来柏林看望她。廖承志一到，寓所就热闹起来，充满欢乐的笑声。有时在母亲的山水画上添画两三个栩栩如生的“公仔”（小人物），有时帮厨洗碗碟弄得叮当响，有时还轻轻地为母亲揉按手腕肩背。母慈子孝，天伦之乐！

1930年，何香凝（右三）在法国朋友陪同下参观巴黎郊区农场。

1930年9月，何香凝离开柏林回到巴黎，其时，廖梦醒已离法回国。何香凝便与刘天素及另一位留学生共同租住桑特·米切尔大街公寓楼中的一个小单元，终日以绘画和读书打发时光。因而作画不少，其中她的名作《红梅菊花》、《红叶雪景》、《雪虎》等都是在这间狭小而简陋的房间完成的。

过了不久，廖承志和刘天素的未婚夫曾庆集先后到了巴黎，何香凝等又迁居巴黎郊区红山威尔乃街35号公寓四楼，母子、师生四人各住一房间。他们自己动手做饭、洗衣服、搞卫生，生活简朴而欢快。做饭的分工是：何香凝洗米煮饭，廖承志洗菜切菜，刘天素掌勺炒菜，曾庆集洗涮碗碟。

何香凝在异国他乡过着居无定所流浪般的生活，是清贫艰辛的。一天，有一位名叫韩涵的黄埔军校毕业生前来探访何香凝，当他看到当年“黄埔慈母”廖仲恺的夫人的居住条件如此简陋，生活相当艰辛，就询问：“您要钱用吗？如您要钱，我可以打电报给蒋校长，他就会马上寄钱过来的。”何香凝立即拒绝了，并写了两句诗表明心志：“画幅岁寒图易米，不用人间造孽钱！”

（四）惊闻事变　旋即回国赴国难

1931年9月18日，无理入侵我国已久的日本关东军蓄意制造事端，策划在沈阳柳条湖炸损一小段铁路，却造谣指责中国军队破坏南满铁路，损害日本人利益，而大举进犯中国。日本关东军先后占领沈阳、吉林、哈尔滨，使东三省惨遭日军铁蹄蹂躏。“九一八”事变爆发后，全国掀起反日浪潮，各地民众呼吁国民政府下令出兵东北，收复失地。但时任国民政府主席和国民革命军总司令的蒋介石却忙于一而再、再而三地围剿中国共产党领导的工农红军，而对日本大举进兵东北三省一再退让，广大民众对他愤怒至极。

国难当头，各地纷纷成立抗日救国会、救国义勇军、日货调查团、抗日演讲队等组织。10月21日，原黑河警备司令马占山将军受张学良委任，在齐齐哈尔就任黑龙江省政府代理主席兼军事总指挥。几天后，张学良又宣布黑龙江驻军3万余人归马占山指挥，并拨予军费30万元。马占山就任后，即通电全国，表明抵抗日军的决心，广大民众深受鼓舞。

远在法国巴黎的何香凝惊闻日本侵占我国东三省，不禁拍案大骂日本狗强盗，毅然决定回国同全国民众共赴国难。一些留学生和大革命时代的黄埔军人、政府职员为何香凝回国举行了一个送别会。爱国情深的何香凝诘问他们："你们究竟什么时候回国？"与会者一时答不上来。耿直的何香凝激动地说："你们知道祖国现在的情形吗？敌人已越过国境侵入到祖国的心脏部分了，我认为拯救国家危机，正是国人的职责所在。但是你们没有想到祖国的安危，还逗留在异国，而把保卫祖国的责任诿诸他人。我对你们感到失望！"她越说越气愤，竟忘了对大家的送别说一个"谢"字，便拂袖而去，赶回住所收拾行装了。

同年10月23日，何香凝离开巴黎到马赛港口，登上麦新格将军号轮船，途经地中海、吉不地、多伦布、锡兰、新加坡、西贡、香港等地，历时36天，于11月28日抵达上海。

1931年"九·一八"事变后，何香凝回国共赴国难。图为何香凝从巴黎回国途经新加坡时留影。

二十四、抗日救亡不顾身

在何香凝归国途中，中国国民党召开第四次全国代表大会。由于何香凝是国民党元老，威望很高，所以尽管她没有出席大会并在出国前已经辞去国民党中央的一切职务，但她仍然被选为国民党中央执行委员会委员。

1931年11月28日，何香凝回到上海后，受到柳亚子及甘乃光、陈杏容夫妇等众多故友亲朋的热烈欢迎。何和他们一一握手后，立即驱车前往莫里哀路会晤早已回国的宋庆龄。两位亲密的战友会谈了很久，交换了对时局形势的看法和表明共赴国难的决心，然后往甘乃光家暂住，不久再迁往金神父路（今瑞金二路）花园坊新居。

何香凝回到上海的次日上午，即对来访的《民国日报》记者发表谈话，表明拒绝国民党中央对她拉拢的立场，以及自己以国民之身份回国参加抗日救亡的行动计划。她说："此次因痛国家大患临头，将以国民资格，办对日之伤兵救护等事宜，对国内政治，十九不拟参加。""现余到沪后，拟于一星期或十日内举行书画展览会，然后将常驻沪，从事于办红十字会救护事宜。"

两天后，何香凝又接受国闻社记者采访，强调人人都有救国责任："暴日侵占东三省日益猖獗，至于救国非余一人之责，是我中国四万万同胞同具责。惟余以一个国民资格，凡有利于国家人民及个人力量所能办到，即牺牲任何一切亦所愿也。"

在国难当头的时候，以蒋介石为首的国民党军阀，推行“攘外必先安内”的反动方针，不但不积极抗日，反而加紧“围剿”中共领导的工农红军，并于11月29日诱捕并枪杀了积极抗日的国民党左派柱石邓演达。这种卑鄙、倒行逆施的行径，理所当然受到何香凝和全国人民的坚决反抗。在抗日反蒋浪潮冲击和国民党领导集团内部矛盾激化下，蒋介石于12月15日被迫宣布“下野”。12月17日，京、津、沪、宁学生代表集中南京举行请愿游行，要求国民党政府出兵抗日。当学生队伍游行至珍珠桥附近时，遭到反动当局开枪镇压，死30多人，重伤100多人，酿成“珍珠桥惨案”。

在这紧张的形势下，何香凝于12月19日发表了《对时局之意见》的声明，指出：“旧式之官僚虽似驱除，而新式之官僚更变本加厉。连年内战，重苦吾民，精华尽失，元气消丧，日日倡革命，而革命卒未成功。人人倡统一，而统一反难实现。时至今日救国救民之功未竟，反召外侮辱之来……实一股伪革命者之罪也。”她主张积极奋起“与日帝国主义对抗，我国应全国国民一致努力”。

何香凝不愿与国民党政权有牵连，郑重声明“坚决辞退中央执行委员职守，专心办理慈善事业，以尽国民一分责任”。12月27日，何香凝主办的“救济国难书画展览会”在上海先施公司二楼东面酒店大厅正式开幕。她把为仲恺农工学校筹款积存及在巴黎创作的书画200多幅展出义卖，还在展览《宣言》中申明：“兴学尚可稍迟，而救国不容或后，因拟将积存时贤墨宝，并香凝个人历年所作画件，举行展览会，悉数变价出售，即以售得之款，为反日救伤工作费用。”

开幕当天上午，人头涌涌。柳亚子等众多诗、书、画名家前来捧场，并即席挥毫泼墨，作画吟诗。柳亚子在何香凝和众画家合作的《傲

油画：《救济国难书画展览会》（廖仲恺何香纪念馆展品）

雪红梅》画上题诗："健儿塞北横戈日，画家江南吮墨时，一例众芳零落尽，忍挥残泪为题诗。"当天傍晚，展出的200多幅书画以每幅均价约100元义卖一空，共得款项两万多元。忙碌了一天的何香凝喜上眉梢，将筹得的款项用到抗日救亡工作上。

自从"九一八"事变日本帝国主义侵占我国东北三省后，国民党采取不抵抗政策，助长了日寇嚣张气焰。从当年11月起，日军先后在天津、青岛、汉口、福州、重庆、上海等地进行了一系列的挑衅活动。1932年1月28日深夜，日海军陆战队6000多人在上海闸北向十九路军发起突然袭击。当地守军奋起还击，打响了"一·二八"淞沪抗战第一枪。

抗日枪声振奋了军民。何香凝十分激动。次日下午，她在辣裴德路（今复兴中路）自己的寓所里，主持召开了一个筹备慰问援助十九路军将士的会议。会议决定组织上海妇女前线慰劳队、救护队，并立即行动。还拟开办护士训练班，成立伤兵医院、救济难民机构等。会上，何香凝宣布，将救济国难书画展筹得款项的一部分用作购买慰劳品和救伤用品。

会后，何香凝又以各种形式呼吁市民援助英勇抗日的十九路军。她在寓所门前，贴了一张写着“在此接受热心援助”的告示。许多市民纷纷将钱物送来，有的一次就捐款数百元。一个叫黄雯的医生找到何香凝说：“我是医生，我愿意到伤兵医院工作。”还有一位叫陈乙明的归国华侨，开着自己的汽车来到何香凝寓所，热情表示：“我可以开车。您到哪里去，我都可以伴随，运物资也行。”

同一天，中华全国总工会发出了“实现总同盟罢工，反对日本帝国主义侵占上海”的战斗号召。其时，中共虽然受王明“左”倾路线领导，但上海中共地下党及“左联”反帝大同盟、工会、学生会等组织，还是开展了援助十九路军的活动。这样，何香凝、宋庆龄等国民党左派人士的抗日活动，就同上海中共地下党的抗日救亡活动汇合在一起，致使上海迅速出现一个轰轰烈烈的支援十九路军抗战的热潮。

1月30日上午，何香凝和宋庆龄冒着严寒风雪，亲自率领“慰劳队”和“救护队”驱车出发。市民们看到车上插着中国国旗，热烈鼓掌与欢呼，何、宋不时从车窗伸出手向欢呼的市民挥手致意。她们先到十九路军前线指挥部慰问，与蔡廷锴军长亲切交谈，了解战况和救伤所需，然后驱车到前沿阵地翁照垣旅部。该部正与敌人激战，时有子弹呼啸着从头顶飞过，但将士们沉着还击，固守阵地。一个士兵头部扎着被鲜血染红的纱巾，一个伤兵伤口化脓了都不下火线。何香凝见官兵衣着单薄冒着严寒浴血奋战的情景，深受感动，热泪盈眶。她大声鼓励将士们："你们好好作战，保卫国土，我们一定为你们筹备救伤！"何香凝传唤随队的30多名救护员分散到阵地各处为伤员处理伤口，并指挥随员卸下慰劳品。翁旅长甚为激动，连声道谢，将士们作战更勇猛了。

从前线回到上海后，何香凝感到抗日绝非短期能够结束，便于1月31日起在新闸路海关监督总公署设立办事处。她亲自领导办事处各项工作，落实组织起妇女慰劳队、救护队、难民救护队及护士训练班等。她还和宋庆龄发起捐制棉衣运动，上海妇女热烈响应，5天内赶制了全新棉衣3万多套，及时运送给前线将士。同时，她会同陈铭枢夫人、蔡廷锴夫人、蒋光鼐夫人等，先后开办了三所伤兵医院，收治伤员数百名。何香凝、宋庆龄等不定期致电或发函海外侨胞，动员援助十九路军。据不完全统计，在淞沪抗战三个多月的时间里，海内外共筹款700多万元，相当于十九路军八九个月的军饷，有效地支持了抗战。

何香凝为支援抗战常常工作到深夜，奋不顾身。因而导致旧疾胃病复发，心脏病又悄悄降临，经常气促、胸闷等。办事处人员都劝她回家休息养病，但每次都被拒绝。她说："前方将士浴血抗战，为保家卫国牺牲生命，教我回去闲在家里享福？你们说得出，我可做不到！"

1932年2月，蒋介石在帝国主义支持下重新上台。但他对淞沪抗战采取十分消极的态度。在淞沪抗战将要失利之时，何香凝不顾心脏病初发，还带病邀同陈铭枢、蒋光鼐等人一起赴南京，为十九路军抗日求援。见到蒋介石后，何香凝愤慨激昂训斥："现在家亡国破，敌人凶横，你有兵而按兵不动。如果你们不搞拒俄反共，不违背三大政策的话，日本人不敢来欺凌我国。今日弄到河山失色，你要负很大的责任！……现在你眼看相继失地，你还按兵不动？！"当时，蒋介石正宴请他们吃饭，对出兵之事避而不答，只是不停地往何香凝盘子里夹菜，连声说“请，请”。何不吃他夹的菜，偏要讲话，越说越生气，流着泪责骂蒋介石：“你这样做，恐怕以后我要与你绝交了！”

何香凝对蒋介石拒绝支援十九路军和对日本不抵抗的态度极为气愤。于3月2日致蔡元培函中，附有一首题为《为中日战争赠蒋介石及中国军人的女服有感而咏》，强烈鞭笞和讽刺蒋介石倒行逆施的妥协投降政策。其诗云：

枉自称男儿，甘受倭奴气。
不战送山河，万世同羞耻。
吾侪妇女们，愿往沙场死。
将我巾帼裳，换你征衣去！

何香凝爱憎分明。她怀着强烈的爱国激情，于4月15日致函英勇抗战的国民革命军第259旅旅长孙元良等前线将士：“日人侵略，野心未死，既据我东北三省，复占我申江土地，叹我大好河山，今非昔比，炮毁我多少城市，惨杀我多少同胞，强奸我多少妇女，想你等是血性军人，怎能咽得下这口气？”

面对日本帝国主义得寸进尺的侵略，代表中国人民利益的中国共产党及其领导的中央红军，以中央工农民主政府的名义，于4月26日发表《对日宣战通电》，正式宣告对日作战，提出“用民族革命战争驱逐日本帝国主义出中国”的主张。可是蒋介石于5月间自任鄂、豫、皖三省“剿匪”总司令，把斗争矛头对准积极抗战的红军，而对日寇一再妥协退让。5月5日，国民党政府与日本帝国主义侵略者签订了屈辱性的《淞沪停战协定》，致使轰轰烈烈的“一·二八”淞沪抗战终于失败。对此，何香凝愤慨异常，大骂蒋介石和国民党最高当局。

淞沪抗战历时三个多月，中国军人给日本侵略者以沉重的打击，但也牺牲了很多爱国将士。仅张治中率领的国民革命军第五军伤亡就达5380人。5月16日，在南京举行了追悼阵亡将士大会，各机关民众团体4万多人出席。何香凝专程从上海前往参加。追悼会十分悲壮，何香凝在大会上演说时禁不住放声大哭。这哭声是对阵亡将士的哀悼，更是对国民党当局的抗议。她的哭声引得蔡廷锴将军泪珠涟涟，引得全场一片唏嘘抽泣，大会在极其悲痛的气氛中结束。

由于过度劳累和愤激，年已54岁的何香凝心脏病加重了，但她并没有停止抗日救亡工作。这一年6月，她在卧病之中，决定将救济国难书画展筹到的剩余款项以及后来筹到的海内外捐款共计8200元，全部用来支持组织国难救护队，以救助东北抗日义勇军。她指定几个人成立国难救护队后方理事会，自己担任理事会主席，柳亚子任副主席兼会计主任，专门负责为国难救护队筹募款项和救护用品。6月中旬，一支以上海东南医院学生为主的“东北义勇军国难救护队”正式成立。14位队员

1932年秋，何香凝和侄女廖承麓（前）在绍兴白马湖。身后男孩为许锡挥。（许锡挥供图）

赴东北之前，至何香凝寓所话别，何香凝坐在病床前激励队员要为抗日救国而倾尽全力。这支救护队几经周折和艰苦行军，于8月中旬分别抵达热河省和辽宁省对日作战前线，他们没有辜负何香凝和各界民众的期望，在一个多月里，救治被日军飞机炸伤的义勇军官兵和老百姓300多人。

随后，何香凝、柳亚子通过向海外华侨写信和在《实业报》发表文告的形式，向国内外各界募款，支持东北义勇军抗战。

然而，“当时蒋介石根本就是不要人民抗日的”，所以害怕何香凝、柳亚子等的抗日救亡宣传，借故杀害了一位甘姓国民党左派队员，致使这支国难救护队也解散了。

何香凝从海外闻变到旋即回国与民共赴国难的一年多时间里，为抗日救亡全力以赴，奋不顾身的爱国精神令人钦佩，因而赢得全国人民的高度赞扬和崇敬。

二十五、抱病救子传薪火

何香凝为抗日救亡劳心劳力，终致积劳成疾，胃病未消，心脏病又愈发严重。有时两病并发至卧床不起，有时病情缓解，便寄情诗画。这段时间，她相约绝不为南京政府效劳的经亨颐、柳亚子、陈树人等挚友，组成“寒之友社”，交流书法、研究画本。黄宾虹、潘天寿等众多名家均为社友。

自古以来，松、梅、竹被炎黄子孙誉为“岁寒三友”，社名取其意，以示提倡民族正气及抵制道德沦丧、出卖民族利益的卖国贼。有一次，何香凝提议合作一幅“岁寒三友图”，她首先画铁骨铮铮斗酷寒而怒放的古梅；接着陈树人画绿叶葱葱经严冬而不谢的苍松；随后，经亨颐画高风亮节在寒风中挺立的修竹。众人对这一佳作拍手称好。在场的国民党元老于右任兴之所至，在这幅画的上方，洒墨留诗：

紫金山上中山墓，扫墓未时岁已寒。
万物昭苏雷启蛰，画图留作后人看。
松奇梅古竹潇洒，经酒陈诗廖哭声。
润色江山一支笔，无聊来写此时情。

“寒之友社”的社友们借诗书画作，抒爱国衷肠，寄高尚情操，更是对外敌和内逆的无声抗议。日寇在上海受挫后把侵略重点转向东北，组织建立“满洲国”，扶持早已被中国人民唾弃的末代皇帝溥仪上台，并加紧从山海关向关内进军。在外患日迫的紧急关头，南京国民政府仍

1932年，何香凝对国民党当局消极抗战极为不满，与战友柳亚子、经亨颐、陈树人等组成了“寒之友社”，经常在沪杭一带写画吟唱抨击时弊。这是他们在上海一次活动时留影。

弃民族利益而不顾，继续奉行“攘外必先安内”的顽劣政策。他们一方面加强对苏区红军的“围剿”，1933年2月，调集50万大军，对苏区革命根据地进行第四次“围剿”。另一方面加强对人民实行法西斯式统治和镇压，大肆搜捕、监禁、滥杀共产党人和追求自由、民主并强烈要求出兵抗日的进步人士。反动当局甚至提出：“宁可错杀一千，也不放过一个。”一时间，很多监狱囚禁着大批所谓的“政治犯”，以致人满为患。更多刑场响起镇压革命者的枪声，白色恐怖笼罩着整个中国。

1933年3月初，尚抱病在身的何香凝专为释放“政治犯”一事写信给国民党中央委员会，建议大赦全国政治犯，交给她率领北上从事抗日救护工作。接着，又在接见日日社记者时，发表阐述“建议释放全国政治犯”的谈话。她指出：“此辈政治犯，多为当年的革命友军及同志者，除了没有自由及权位以外，与中央诸君没有什么不同，何以有精诚而不得团结、有国难而不许共赴呢？”她又说：“在外侮欺凌之今日，而将其生命消磨于牢狱之中，是说不过去的。”

尽管何香凝苦口婆心说得在情在理，国民党当局不但置之不理，反而将魔爪伸向她的身边。

1933年3月29日深夜11时，时已移居上海法租界康脑脱路临时寓所的何香凝，还在灯前夜读，四周一片沉寂，在隔壁居住的经亨颐和其爱女经普椿也准备安然就寝。突然，何香凝听到汽车声和嘈杂声，接着就是敲门声。她开门一看，几乎惊呆了，擦擦有点朦胧的双眼，只见廖承志被手铐扣着，后面跟着七八个满脸杀气的大汉走进屋里来了。何香凝定定神，立刻明白了，自己唯一的爱子廖承志也被捕了！

年刚25岁的廖承志，身材高大，文雅大方，一脸正气。8个月前，他从国外回到上海，担任中华海员总工会中共党团书记和中华全国总工会宣传部长，从事工人运动工作。由于叛徒出卖，当天在山西路五福弄开会时，他继中华全国总工会上海执行局书记罗登贤、秘书余文化被捕两小时后，陷入敌人张开的罗网。接着，罗、余、廖被押进汽车带到英租界老闸捕房，叛徒卢福坦、王其良先后现身指证三人身份，随后三人被关进拘留所的地下室内。其时，足智多谋的黄埔军人、时任红军第十四军军长的陈赓也在4天前被捕拘押于此。他提醒廖承志赶快设法通知母亲，把事情闹得越大越有利于斗争。第二天，当那些英国特务一再审问廖承志知道什么地方还有党的机关时，廖便说：“我带路。”特务笑眯眯的，如获至宝，并安排深夜行动。就这样，廖承志机智地把分乘两辆警车的七八个英国特务，带到母亲家中，这实是向母亲禀报：儿子被捕了！

何香凝见到爱子被捕，先是心疼万分，继而怒发冲冠，忘记自己心脏病切勿愤激的大忌，声嘶力竭地斥责特务：“你们凭什么逮捕我的儿子？！”

骂声惊动了隔壁的经亨颐和经普椿，他们明白了一切，连忙过来扶劝何香凝。

警车声也惊动法租界的捕房头子。原来英租界和法租界捕房是互不通气的，以致英国特务连此处是何香凝住的地方也不知道。一个当法文翻译的中国人见到像一头母狮子般八面威风的何香凝，被吓了一跳，连忙同那捕房头子咕哝了一阵，那头子脸色大变，立即下令全部退出。廖承志被押回车上，那个领队的老特务恼怒地揍了廖承志几拳，还打了他一个耳光。

正如陈赓所料，何香凝会把事情闹大，闹得越大越有利于斗争。果然，何香凝于翌晨便发出《致全国军事政治长官电》，把廖承志遭到拘捕一事通告全国周知，呼吁援救，并表示“愿与儿共留囹圄，惟不愿留外国囹圄，要求解往华界，即死也愿在华界，不在租界”。

当天，何香凝还发动亲朋不断地去英租界老闸捕房探望廖承志，弄得捕房不得安宁。同一天，她又先后接见日日社记者、《申报》记者，发表谈话，“要求依照法律解决此事”；“廖承志被捕是无辜的，没有丝毫证据，要求无条件释放”。

1933年心脏病复发卧床休息的何香凝。她抱病营救儿子并发表《建议释放全国政治犯》的谈话。

宋庆龄得悉廖承志被捕后，立即赶赴何宅慰问，同何香凝密谈良久，表示要出面营救。她与蔡元培邀请上海著名律师吴凯声办理此案，并于30日上午召开中国民权保障同盟（1932年12月由宋庆龄等创办的中国历史上第一个以保障民权为宗旨的政治组织）临时执行会议（鲁迅也到会），会议决定：除吴凯声外，增聘律师马常、蔡晓白、屠坤洪和倪徊等，依据法律分别为廖承志、罗登贤、余文化、陈赓等出庭辩护。

次日民权保障同盟为罗、余、廖等人非法被捕案发表了《宣言》，指出："即使被告为共产党员，或者参加反帝或工人运动，亦非法律所不许，苟无特别行动，应立刻释放。盖信仰自由，屡载约章，为吾民必争之权利。"并强调说："在此国难期间，欲言御侮，国人必有反对帝国主义之自由，不应对于努力此项工作者反愈加压迫，致伤元气。国民应速自觉悟，奋起力争，而要求罗、余、廖及一切政治犯之释放，尤为第一要图。"

随后，上海高等法院刑一庭审理罗、余、廖一案。吴凯声等众多律师出庭为被告作无罪辩护，刑庭长郁畔乃名作家郁达夫之长兄，颇为同情廖承志等人，反对南京军法处所提出的引渡要求，庭审结果是仍需还押侦查。

3月31日下午，上海第二特区法院再审罗、余、廖案。到庭旁听者纷至沓来，柳亚子父女、经亨颐父女等也来了，以致座无虚席，后来者只好站着旁听。三名被告被法警带上庭。廖承志成为人们视线的焦点，只见他迈着大步，环顾四周，毫无惧色。

仍然是郁畔当庭长，他宣布开庭后，英捕房律师甘镜诉三名被告为"危害民国"之共产党，应解往南京"依法制裁"等。他特别在何香凝不知儿子在家中身居何室的问题上大做文章，引证廖承志在外从事秘

密活动。叛徒王其良原是中华全国总工会秘书长，他被再次拉来出庭作证。他说：“我亲自同他们开过会，密谋暴动。”还说什么中央指示、中央领导等。庭长要罗登贤陈述，罗理直气壮地回答：“我是东北义勇军，参加抗日，回上海筹集经费。关于共产党，我是拥护的，别的没有什么话需要说。”

当庭长要廖承志去作答时，廖承志指着叛徒王其良痛斥道：“他开口中央，闭口中央，谁知道是什么中央？是马桶中央，还是叛徒公司的中央？替抗日义勇军筹款，究竟犯什么罪？”铿锵有力的质问，令叛徒哑口无言，面红耳赤。

辩护律师吴凯声也为廖承志辩护驳斥王其良：“他与廖公子因在经济上有私案纠葛，竟诬告廖公子为共党，且口讲无凭，一人作证，实不可信！”他还预料到英捕房会在廖承志的住所问题上纠缠，便把预先准备好的何香凝亲笔信拿出来当庭朗读：

……香凝本拟到钧院陈述，惟因宿疾复发，不克离床，故作书面证明：（一）小儿承志，自欧归国，即住舍间。日前捕房人员到舍调查，香凝因刺激过甚，未能明白答复。（二）因我国东北军为国家求生存，血战日寇，饮食甚苦，故令承志往欧阳君处商如何运茶叶，以壮士气。（三）……总之，予与廖先生为国奋斗，其目的求民族国家之生存，香凝甚愿小儿一本此志，为国报效。此次被捕，盼钧院秉公办理。

吴律师念完何香凝的信还逐条解释，以流利的口才、雄辩的法理滔滔不绝地辩解了一个多小时，以求证廖承志无罪。正当法庭气氛有利于被告时，英捕房又指令另一个曾在中共党内担任过一定职务的叛徒张汉卿，指认罗、余、廖三人均为中共党员，并指廖承志担任海员总工会中共党团书记，尽管三名被告极力否认，但无济于事。法庭上还有检察官、推事、书记员、陪审员等众多人士，有心帮助廖承志的郁晔庭长也无可奈何。他与检察官、推事等稍作磋商后宣布："罗登贤、余文化、廖承志移交上海市公安局。"

宋庆龄为此发表强烈抗议，痛斥"中国政府与帝国主义分子狼狈为奸，压迫中国人民的反帝抗日战士"，大声呼吁全国人民起来保护和营救被捕的革命者和爱国者。

在廖承志等从英租界老闸捕房引渡到上海市公安局的当天晚上，柳亚子匆匆赶到何香凝寓所，急急忙忙对正心绞痛发作卧病在床的何香凝说："有消息称，上海当局即将解押廖承志去南京受刑审。"何香凝大惊，强忍因心脏病而常发的心绞痛，马上起床穿上厚厚的衣服，在柳亚子的陪同下，请来一辆出租汽车，还在车顶上绑上一张藤椅，风驰电掣般直奔上海市公安局。

上海公安局与上海警备司令部合署办公。公安局局长文鸿恩与律师吴凯声之兄长曾是留学法国的同学。吴凯声特嘱咐文局长慎重处理廖案。文请示顶头上司上海市市长兼上海警备司令部司令吴铁城。这个吴铁城就是当年参与暗杀廖仲恺的广州市公安局局长。他自知有愧于廖家，也深知何香凝的厉害，所以当晚前来公安局办理廖承志案，想不到何香凝这么快就找上门了。他不敢贸然露面，便派人出来招呼："请廖夫人进客厅坐。"

满脸怒气的何香凝拒进客厅，把随车带来的藤椅解下在公安局大门口一坐，大声嚷起来："我不是来作客，我是来坐牢的！骂蒋介石要算我骂得最多，为什么不抓我，却把这些无辜的青年关起来？"何香凝一嚷，无人敢吱声，她继续喊叫：“我要坐牢！你们把我关起来吧！不然你们就必须放人！”

柳亚子也说：“廖夫人坐牢，我也作陪！”

眼看这两位国民党元老这么一闹，吴铁城不得不露面打哈哈，一番劝慰无效，何香凝就是坐在公安局大门口赖着，既不进客厅，也不往回走，反复嚷着：“我要坐牢！”弄得吴铁城不知所措，怒笑皆非。他担忧这样下去，何香凝要是死在他门前，事情闹大，就难以向国人交代，于是连忙打电话请示宋子文。

那时，正有昨天给何香凝看过病的牛惠霖医生（宋子文的表兄）在宋处作客。他如实说：“廖夫人的心脏病很严重，血压高、脉搏快，随时都可能出危险。”

宋子文一听，考虑事关重大，便急电南京请示蒋介石。蒋也知道何香凝有心脏病，担心一旦出事不好收场，犹豫一阵，便叫宋子文“瞧着办”。宋子文也就奉命传话叫吴铁城“瞧着办”。此时的吴已经被何香凝闹得心烦意乱，有了“瞧着办”的“尚方宝剑”等于自己可以做主处理此案了。于是，他在叫廖承志签字改悔遭拒绝之后，便叫何香凝、柳亚子去签下对廖承志的保释书。

就这样，这位伟大的母亲抱病经过几天夜以继日的紧张活动，在宋庆龄、柳亚子、经亨颐等国民党左派人士的多方协助营救下，在中国民权保障同盟和正义舆论压力下，廖承志终于在3月31日深夜昂首阔步走出国民党的牢房。廖承志释放了，但罗登贤、余文化、陈赓等四人在4月1日仍被押解到南京，拘押在军事监狱。后经宋庆龄率领中国民权保障同盟等多人奋力营救，才迫使南京当局释放了陈赓等三人，而罗登贤则于8月29日在南京雨花台惨遭秘密杀害。

廖承志虽然获释，但仍然受到国民党特务的严密监视，只好留守在家，照顾患病的母亲。此前，住在隔壁的经普椿常来照顾何香凝，无微不至，深得何的喜爱，昵称她为“阿普”。她也尊称何为“伯母”。如今，伯母的儿子回来了，情窦初开的少女经普椿变得有点畏缩和羞涩，不敢前来照顾何香凝了。何香凝心知肚明，大声呼唤：“阿普过来，帮帮我搓搓肩背。我的‘肥仔’重手重脚的，你教教他吧。”经普椿打扮一番过来了，廖承志见眼前这个小姑娘单纯、质朴、充满青春的朝气，暗中喜欢。随着接触次数增多和相互了解，他深深地爱上阿普了，而经普椿也对风华正茂、才艺出众的廖承志一见倾心。对“肥仔”和阿普相知相爱，何香凝看在眼里，喜在心头，心脏病也缓解多了。

经普椿的恋情被她的哥哥知道后，大力阻挠，他认为廖承志是“共党”，随时都有被捕坐牢的危险，怕妹妹受牵连，7月中旬，把阿普召回浙江老家去了。

廖承志心中感到有些惆怅，母亲安慰、鼓励他：“有情人终成眷属，你忙你的事业吧！”

廖承志在共产党员姐姐廖梦醒和姐夫李少石从香港回到上海后，冒着危险，机智地避过国民党鹰犬的眼线，加上宋庆龄的帮助，终于与党组织取得联系，并被派赴川陕苏区红四方面军处。何香凝虽然很不放心，但为了革命事业，为了抗日救亡，毅然支持并掩护廖承志于同年8月逃出白色恐怖的上海，

被何香凝营救出狱后参加长征到达陕北的廖承志。

再次勇敢地把儿子送上新的征途。儿子临行前，何香凝一改“肥仔”的习惯昵称，庄重地说：“承志，此次北行，难免道路坎坷，你要继承孙叔公和你父亲的遗志，薪火相传，将革命进行到底！”

廖承志果然没有辜负母亲的厚望，在受到张国焘“左倾”路线迫害，被押着长征爬雪山过草地时，仍然意志坚定。在任弼时、周恩来的帮助下恢复自由，到达延安后，为抗日战争立下汗马功劳。

二十六、苦斗不屈成典范

在国难当头，中华民族到了最危险的时期，何香凝一直坚持不懈地与反动势力抗争，且百折不挠，苦斗不屈，为中华民族树立光辉典范。下面四段故事可见其高尚情操和伟大精神——

（一）丈夫国葬　念念不忘抗日

1934年8月20日，已经是廖仲恺为国殉难第九个瞑辰日了。每年此日何香凝无不伤心流涕，而这一年心情尤为沉重。她说："当此国难之深，无词以喻之际，予虽以老病之身，栖迟上海，然为革命，为民族国家之念，无时或已，奋飞无能，在此伤心日子来临之时，能不为之抚膺顿足？"因此，她沉痛地写下《廖仲恺纪念日告黄埔同学书》，号召黄埔军校同学们爱惜民族国家，努力挽救国家的危亡。

随后，何香凝接广州亲友函告，廖仲恺在广州临时墓地渗水，要及时处理。她心中不安，遂向国民党当局提出廖仲恺灵柩迁葬事。因为廖仲恺牺牲那年，广州国民政府曾决议，待北伐成功，为廖仲恺举行国葬，葬于南京中山陵侧。所以，她理直气壮地提出此事。掌握大权的蒋介石一怕何香凝闹事，二想以国葬廖仲恺来打压胡汉民，所以也就同意了。

1935年初，国民党中央执行委员会决议成立廖仲恺葬事筹备委员会，以张静江为主席，孙科、戴季陶和陈果夫等为委员，负责办理迁葬事宜。

同年5月底，何香凝偕侄女许崇清、秘书张定一等离沪经香港于6月5日抵达广州。6月7日启动迁墓工程。6月13日，廖的灵柩由原墓地迁至东较场举行公祭。参加仪式的有仲恺农工学校全体师生（在此之前他们每年8月20日必去廖仲恺墓前拜祭，无故缺席者开除）、广州各界代表和廖仲恺家属等数千人。公祭后，何香凝和部分人士护送灵柩至广九车站运往香港。14日，从香港乘法国邮轮“亚林美斯号”运往上海，悲痛万分的何香凝一路亲自照拂。17日抵沪时，何香凝对国民社记者发表谈话说：“廖先生殉国后，行将十年，而革命至今，尚未成功，国难依然。本人虽无限悲痛，但仍盼全国同志同胞，继续廖先生遗志，完成革命，复兴民族……”

6月18日，灵柩运到南京时，在车站迎灵的有国民党将领、中央军校（前身为黄埔军校）师生及各界代表五六千人。何香凝当时身体虚弱，行走困难，是让人用轮椅从火车上抬下来的。一大群妇女干部拥上前与她握手。何香凝即兴发表讲话：“今天承各位热情来迎接廖先生灵柩，非常感谢，不过希望大家在意识上能维系着廖先生的精神。当初廖先生创办黄埔军校的目的，原是要打倒帝国主义，求中国民族之自由平等，解放民众。可是今天的事实正相反，诸位都是手持刀枪、身穿戎装，不知是为国，还是为个人？假如是为国的话，那么现在已是国破家亡的时候，诸位请扪心扣问，能无愧乎？”

9月1日，廖仲恺灵柩被安葬在紫金山中山陵右侧几公里处。墓地约20亩，陵墓依山势而筑，坐北朝南。墓道分两股而上，道旁列种四季常青的龙柏。墓包上半部为半球形，直径约3米；下半部为八角形，四周24根装饰柱。墓前正中的高大花岗石墓碑，镌刻着时任国民政府主席林森题写的“廖仲恺先生之墓”七个大字。这一天，秋高气爽，在隆重的国葬仪式上，何香凝发表演说，怒斥蒋介石及国民党政府对孙中山三大政策的背叛，以致外敌入侵，民族危亡。讲话完毕即愤然离场。汪精卫在会场听到何香凝骂人，畏缩在一旁不敢与这位“老朋友”相见，而蒋介石仅在广州参加国民党广东省党部举行的廖仲恺遇难10周年纪念大会（同时到会的仲恺农工学校学生刘国霖等还看到他在会上讲话），而没有出席廖仲恺国葬仪式。他借故到外地去了，不敢到场。

在廖仲恺灵柩安葬仪式上，何香凝发表演说后步出会场。

廖仲恺国葬后，何香凝婉拒黄埔军校校友拟建洋楼请她在南京居住的好意，回上海继续从事抗日救亡工作。同年10月，她在一幅自画的梅花图上以诗明志：

一树梅花伴水仙，北风强烈态依然。

冰霜雪压心犹壮，战胜寒冬骨更坚。

（二）挺身而出　保护危困学生

1935年8月1日，中共驻共产国际代表团以中央苏维埃政府和中共中央名义发表《为抗日救国告全国同胞书》（史称《八一宣言》），重申

建立全民族统一战线的主张，号召全国人民团结起来，停止内战，抗日救国，组织抗日联军和国防政府。何香凝立即联系宋庆龄等20多人，率先响应，在全国引起强烈反响。

在《八一宣言》和何香凝、宋庆龄等国民党左派言论的推动下，1935年12月9日，北平各大专院校学生一万多人，冲破军警的层层封锁，走上街头游行示威，激昂高呼“打倒日本帝国主义”、“反对华北自治”、“停止内战，一致抗日”等口号，掀起声势浩大的“一二·九”学生运动。12月16日，北平学生和民众3万多人再次走上街头。此后，上海、南京、武汉等地学生和各界民众相继举行集会和示威游行，全国掀起抗日爱国运动的热潮，一浪高过一浪。12月下旬，上海学生1000多人要赴南京请愿，被军警困在沪宁车站，当局还阴谋镇压。爱国人士沈钧儒、胡子婴等拟给已断水断粮两天的学生送点吃的，以及给学生通风报信，但无法进去，胡子婴提议请何香凝出来解决这一难题。何香凝当时因心绞痛卧床休息，但当她一听到这种情况，立即从病床起来，挺身而出，为危困学生解难。她拿出200元先叫胡子婴去买些面包、饼干，然后，约请爱国将领张发奎的夫人开来一辆军用小汽车，同胡子婴带上面包、饼干，驱车直奔沪宁车站。军警不知好歹，企图发难，何香凝大义凛然地斥责军警们：“你们拿着枪杀人成性，你们杀了多少人？可不能再杀我们的后代！我老了，你们要杀人就向我开枪好了！一百枪也行，一千枪也行，但不许向青年学生开一枪！他们是中华民族的继承者，决不许伤害他们一个人！”何香凝的威严正气，吓住了军警，保护了赴南京请愿的学生，也及时给饿了两天的学生送上面包和饼干。

（三）积极参与　营救了“七君子”

“一二·九”运动后，上海抗日救亡运动出现了新的高潮。何香凝虽然患病在身，但也常常参加各项政治活动，发表演说或写文章，推动抗日救亡工作。1936年1月，“上海各界救国联合会”成立，何香凝被推选为该会理事。3月8日，她抱病参加纪念“三八”妇女节大会并发表演说，号召妇女投身到抗日救亡的洪流中去。5月31日，“全国各界救国联合会”在上海成立，18省60个救亡团体70名代表出席成立大会，会议推选何香凝、宋庆龄等40余人为执行委员。此后，何香凝为救国联合会开展各项工作，特别是在“促成全国各实力派合作抗战”中起到重要的推动作用。

然而，国民党反动当局把各界救国联合会视为洪水猛兽，日本帝国主义也以军事行动向国民党当局施加压力，提出要“彻底取缔排日行动和组织”。国民党当局悍然于1936年11月22日夜，非法拘捕了救国联合会主要负责人沈钧儒、章乃器、邹韬奋、李公朴、王造时、沙千里、史良等七人（史称“七君子”）。

“七君子”被捕后，何香凝紧密配合以宋庆龄为主组织的营救活动。她密切关注“七君子”在狱中受审判的动向，对作为“七君子”的“家长”沈钧儒回击国民党法庭审判长的指控拍手称妙。当时流传这样的一段答辩：

审判长问：“你赞成共产主义吗？”

沈钧儒答：“赞不赞成共产主义，这个提法是滑稽的。我请审判长注意这一点，就是我们从不谈什么主义。起诉书竟指被告等宣传与三民主义不相容的主义，不知检察官何所依据？如果一定要说被告等宣传什么主义的话，那么我们的主义就是抗日主义、救国主义。”

审判长又问：“抗日救国不是共产党的口号吗？”“你知道你们被共产党利用吗？”

沈钧儒答：“共产党吃饭，我们也吃饭，难道共产党抗日，我们就不能抗日吗？”“假使共产党利用我抗日，我甘愿被他们利用；并且谁都可以利用我抗日，我甘愿被他们为抗日而利用。”

何香凝对沈钧儒的答辩大为赞成。对沈的人品愈加敬重，在后来的岁月中，她和沈结下深厚的革命情谊。在长达七个多月的营救活动中，何香凝以其独特的身份，发挥了重要作用，她参加的营救工作归纳起来有“四步曲”：

第一步，急发“号外”，告之天下，挫败当局欲秘密处置“七君子”阴谋。事发当晚，救国会机关刊物《救亡情报》以宋庆龄、何香凝、马相伯三位领导人名义，刊发了紧急“号外”，发表了《全救会（“全国各界救国联合会”的简称，下同）为七领袖无辜被捕告当局及国人书》，抗议国民政府非法逮捕“七君子”。紧接着又在《立报》上将“七君子”被捕的消息告之天下，同时还发表了《全救会为沈钧儒等领袖无辜被捕紧急宣言》。沈钧儒等七人皆是爱国民主人士，他们被捕的消息很快传遍国内外，当局原想“快刀斩乱麻”，秘密处置“七君子”的阴谋破灭了。

第二步，大造“救国无罪”舆论，为全国掀起的营救“七君子”运动推波助澜。何香凝在12月16日与宋庆龄、马相伯等发表的《七领袖被捕事件宣言》中，再次强调“救国无罪”，严正指出：“广大人民应该有参加和组织救国团体的权利，以便开展抗日救亡之活动。”她还在各种场合反复强调“爱国有理，救国无罪”的观点。国内外四面八方响起“救国无罪”的怒吼声，形成了全国营救“七君子”高潮，致使国民党当局不敢轻易对“七君子”定罪。

第三步，何香凝和宋庆龄、胡愈之、张天翼等16人发起“救国入狱运动”，把营救“七君子”运动推向高潮。他们发表谈话时表示：如果法院判决沈钧儒等有罪，或不判罪而长期羁押，我们就准备一齐去法院，要求法官收押。在《救国入狱宣言》中宣称：“我们准备好进监狱了！我们自愿为救国而入狱……我们要使全世界知道中国人决不是贪生怕死的懦夫，爱国的中国人决不只是沈先生等七个，而有千千万万个。中国人心不死，中国永不灭亡！” 随后，宋庆龄、胡愈之等12人各自带上简单行李，到苏州的浙江高等法院自请入狱。何香凝等4人因病或因事未能前往，但他们都表示“随传随到”！

第四步，写信发电给国民党高层，施加压力和影响。何香凝亲笔写信给宋子文、孙科并请他们转达蒋介石，信中既晓之以理又动之以情。随后，又与宋庆龄发电报给南京政府最高负责人林森、蒋介石、汪精卫等人，义正词严地表明救国入狱的决心，要求“迅速主持公道”，释放“七君子”，“勿失全国志士之心”。由于何香凝、宋庆龄在国民党内的特殊身份和地位，这些信、电的作用自然非同小可。

何香凝与宋庆龄等人不屈不挠的苦斗，民族抗日统一战线逐渐形成，迫使国民党当局对“七君子”案件已经难以继续审理，不得不最后于1937年7月底宣布无条件释放沈钧儒等七名爱国志士。

（四）力促两党　再度合作抗战

何香凝的丈夫廖仲恺是首次国共合作的第一功臣。当年，何香凝也为第一次国共合作尽心尽力。在困难当头，中华民族面临危亡之际，何香凝又以巨大的政治热情力促国共两党再度合作，抗击日本帝国主义侵略。

早在1933年年初，何香凝就向国民党中央提出，同当年的“革命友军和同志……精诚团结，共赴国难”。1934年4月20日，何香凝又与宋庆龄等1779人签名公布了《中华人民对日作战基本纲领》，提出“发动抗日救国的民族自卫战争”。1935年秋，她与宋庆龄等率先签名支持中共的《八一宣言》，赞同中共提出的抗日民族统一战线的理论和方针。此外，她还不断地著文赋诗、发表演讲和对记者谈话，大声疾呼要全国团结，同仇敌忾，共御外侮，救亡图存。

1936年夏，中共根据国内国际形势的变化，及时调整策略，把“反蒋抗日”变为“逼蒋抗日”，并发表《停战议和一致抗日通电》。何香凝在接见记者谈话时旗帜鲜明地表示支持中共这一主张，还说：“联俄、联共是十三年国民党改组时先总理和廖先生的主张”，呼吁国共两党再次合作。

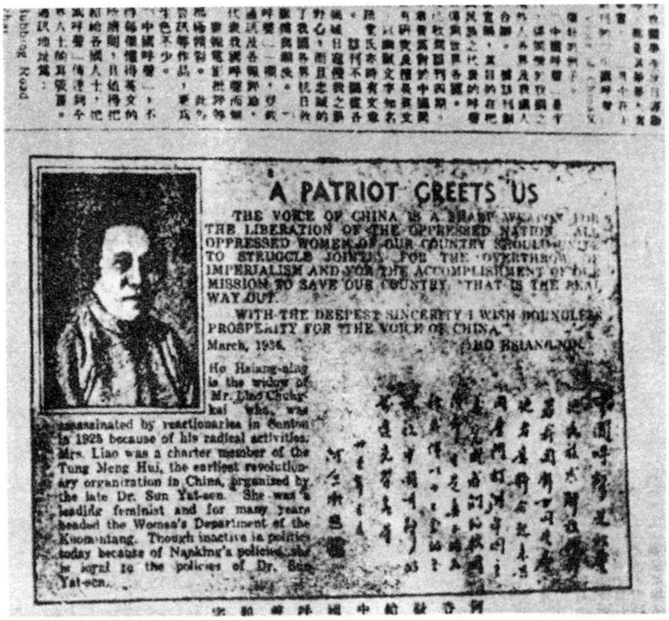

A PATRIOT GREETS US

THE VOICE OF CHINA IS A SHARP WEAPON FOR THE LIBERATION OF THE OPPRESSED NATION. ALL OPPRESSED WOMEN OF OUR COUNTRY SHOULD [illegible] TO STRUGGLE JOINTLY FOR THE OVERTHROW OF IMPERIALISM AND FOR THE ACCOMPLISHMENT OF THE MISSION TO SAVE OUR COUNTRY. THAT IS THE REAL WAY OUT.

WITH THE DEEPEST SINCERITY I WISH BOUNDLESS PROSPERITY FOR "THE VOICE OF CHINA."

March, 1936.

HO HSIANG-NING

Ho Hsiang-ning is the widow of Mr. Liao Chung-kai who was assassinated by reactionaries in Canton in 1925 because of his radical activities. Mrs. Liao was a charter member of the Tung Meng Hui, the earliest revolutionary organization in China, organized by the late Dr. Sun Yat-sen. She was a leading feminist and for many years headed the Woman's Department of the Kuomintang. Though inactive in politics today because of Nanking's policies, she is loyal to the policies of Dr. Sun Yat-sen.

1936年4月10日，巴黎出版的《救国时报》，刊载何香凝为《中国呼声》杂志题的词。

然而，蒋介石拒绝接受中共关于停止内战、一致抗日的主张，导致全国军民极其愤怒。同年12月12日，已与红军达成停战协议的国民党军队爱国将领张学良、杨虎城在“哭谏”无效之后，断然实行“兵谏”，在西安扣押蒋介石及国民党军政要员十余人，并通电全国要求停止内战一致抗日，这就是震惊中外的“西安事变”。

事变发生当天，以何香凝、宋庆龄等为执行委员的“全国各界救国联合会”即联合其他17个救亡团体发表通电，表示拥护张、杨提出的改组南京政府、停止一切内战、开放民众爱国运动等8项主张。之后，何香凝又极表赞同中共中央确定和平解决“西安事变”的方针，主张在蒋介石答应停止内战，实行抗战的条件下释放蒋介石等人。

当时，何香凝在上海辣斐德路寓所因心脏病卧床。宋庆龄前来问病并征询她能否同赴西安劝说张、杨释放蒋介石。无论从个人或革命恩怨来说，何香凝对蒋介石是鄙夷的。但是，她胸怀全局，把国家民族利益放在首位，将个人恩怨搁下，并且不考虑个人健康和安危，欣然答应与宋庆龄共赴西安：“你安排好出发时间就电话通知我吧，不用像今天这样亲自走路过来了。”

后来，由于从上海去西安的飞机解决不了而未能成行，但何香凝不计前嫌，以大局为重的高尚品德是很感人的。中共中央更是从国家民族利益出发，派出以周恩来为团长的代表团前往西安，与各方面协调，和平解决“西安事变”。各方达成协议，蒋介石答应释放一切政治犯，结束十年内战，这也为国共两党再次合作奠定了基础，蒋介石也获释了。

1937年2月15日至22日，国民党召开五届三中全会，何香凝为敦促蒋介石和国民党转变立场，实行联共抗日，赴南京参加会议。这是她近十年来第一次出席国民党中央全会，格外引人注目。

在这次会议上，由何香凝与宋庆龄领衔，联络了冯玉祥、孙科、李烈钧、经亨颐等14名中央执行委员和中央监察委员，联名向大会提出了《恢复孙中山先生手订联俄、联共、扶助农工三大政策案》，力促国民党立即改变立场，和中国共产党合作，团结抗日，以挽救国家。由于会上国民党亲日派及顽固分子的阻挠，提案未被通过。然而，停止内战，共同抗日已是大势所趋，国民党内部也发生很大变化，英美派逐渐占了优势。大会正式通过了同共产党关系的“四项原则”，决定在统一军队编制和政权形式等条件下，可以与共产党合作。这样，第二次国共合作的时机成熟了。

中国共产党中央主席毛泽东对何香凝的抗日救亡言行和苦斗不屈的爱国精神，心怀景仰，当他收到何香凝托人带来的一套狼毫湖笔、一本《何香凝画集》和廖仲恺《双清词草》时，于1937年6月25日亲笔致函示谢，并对何香凝作高度评价，信函全文如下：

香凝先生：

承赠笔，承赠《画集》，及《双清词草》，都收到了，十分感谢。没有什么奉答先生，惟有多做工作，作为答谢厚意之物。先生的画，充满斗争之意，我虽不知画，也觉得好。今日之事，惟有斗争乃能胜利。先生一流人继承孙先生传统，苦斗不屈，为中华民族树立模范，景仰兴奋者有全国民众，不独泽东等少数人而已。承志在此甚好，大家都觉得他好，望勿挂念。十年不见先生，知比较老了些，然心则更年青，这是大家觉得的，看了柳亚子先生题画，如见其人，便时乞为敬意。像这样有骨气的旧文人，可惜太少，得一二个拿句老话说叫做人中麟凤，只不知他现时的政治意见如何？时事渐有转机，想先生亦为之慰，但光明之城，尚须作甚大努力方能达到。

敬祝

健康！

毛泽东上

六月二十五日

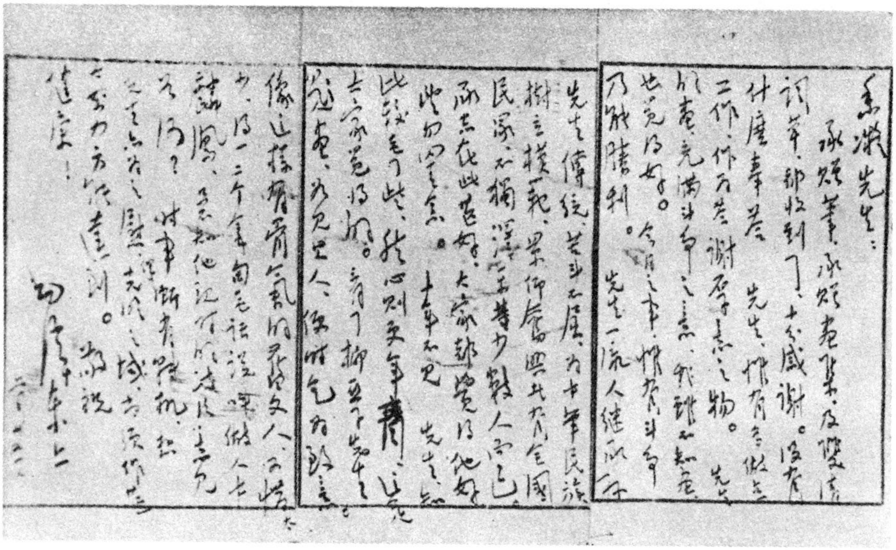

香凝先生：

承赠笔，承赠画集，及赠诗章，都收到了，十分感谢。没有什么奉答，先生，惟有多做些工作，作为答谢厚意之物。[illegible]

1937年6月25日，毛泽东给何香凝的亲笔信，赞扬她继承孙先生传统，苦斗不屈，为中华民族树立模范。

何香凝阅读此信，深感自己肩负的历史责任更加重大。她极为关注国共两党合作谈判的进程，继续利用各种机会发表谈话或撰写文章，力促国共的再度合作，"消除隔膜，共赴国难"！她真正做到"苦斗不屈，为中华民族树立模范"。

二十七、奋起抗日做后援

1937年7月7日晚，驻河北丰台日军一个大队在卢沟桥附近进行实弹演习时，借口演习部队士兵失踪，包围宛平县城并突然攻城。中国守军与日军进行大规模的枪战，中国现代抗日战争——全民抗战就此拉开序幕。

翌日，中国外交部即向日使馆提出口头抗议。蒋介石命令宋哲元部积极备战，如果谈判，须不丧失主权。同时，调孙连仲等率军援助河北。蒋的抗日行动，受到各界关注。8日，中共发出通电，号召全国军民奋起抗日。消息传到上海，病中的何香凝精神振奋：蒋介石总算抗战了！我能坐得住吗？于是，又演绎出一串感人的故事。

（一）激励学生　积极投身抗战

“七七”事变后几天，适逢仲恺农工学校高级农艺科毕业班周兆鸿等23名青年学生组成的“农业考察团”路过上海。他们在学校训育主任关乾甫带领下，到霞飞路何香凝寓所，拜会何校长。

关乾甫是何香凝留学日本时认识的同乡，曾戮力协助何香凝创办仲恺农工学校。“有朋自远方来,不亦乐乎！”病榻中的何香凝振奋精神坐起来，向关乾甫等师生表示热烈欢迎，同学们恭恭敬敬向何校长问候，关乾甫说明来意并汇报学校近况。何香凝认真地听了一会便突然打断关乾甫滔滔不绝的汇报，说：“阿关，学校的事情和金曾澄（著名教育家，时为仲恺农工学校代校长）共商好了。我问你，日本人现在打到我们厅底来了，我们应不应该打它呢？”

关答：“应……应该打啊，但要经过训练才能打。”

何香凝愤然从病床上支起身来，着急地说：“阿关，一只狗没有受过训练，能够守门口；一只猫没有受过训练，能够捉老鼠。我们中国人有五千年文化历史，如今大敌当前，还要什么训练才能打呀？！”

在场的青年学生受到很大的激励，心潮沸腾，恨不得立即上前线杀敌。

何香凝随手打开一本《妇女生活》杂志，指着《我对于国民大会的希望》的文章说：“这篇文章是我向国民大会建议出兵抗日的，你们拿回去读读吧。阿关，你是训育主任，回去不要对学生讲还要经过训练才能打。训练到什么时候呀！现在就要打，不打就要亡国了！”

何香凝语重深长的教诲使仲恺农工学校学生受到了一次奋起抗战的爱国主义教育，事后该校卓秋华、刘国霖、丁农等210多名学生校友投身抗日战争，流血牺牲有邓如淼、胡炎基2人。

（二）训子杀敌　彰显伟大母性

“七七”事变后，日军夸下海口：“三个月灭华。”

8月13日，驻上海日军与中国军队在八字桥一带发生枪战，淞沪再烧战火。8月14日，国民党政府发表了《自卫抗战声明书》。战火越烧越大，日军无比疯狂。在抗战前线形势紧张的9月22日，国民党通讯社正式公布了中共中央于7月间提交的《中国共产党为公布国共合作宣言》；次日，蒋介石发表了承认中共合法地位及两党合作抗日的谈话。至此，以国共两党合作为基础的抗日民族统一战线正式形成。

何香凝为之奋斗多年的愿望终于实现了。她兴奋得热泪盈眶。恰好这时，她收到儿子承志从延安拍来的电报，更是激动，倍感欣慰，便立即复电爱子，电文仅65个字，却彰显着中华民族的伟大母性：

来电悉。吾等幸安，可勿念。国共团结抗战，对于汝父十三年改组国民党，执行三大政策之主张实现，为之安慰。汝须努力奋斗御敌，勉为政府抗战后援，以竟汝父遗志。

9月27日，上海出版的《救亡日报》以《廖夫人何香凝训子杀敌》为题，并配发何香凝照片，引登她的电报全文。编者按语热烈赞扬道：“寥寥数语，爱国之情，溢于言表，不特为中国民众之光，亦足为世界母性之楷模。”“廖夫人献身神圣之救国事业，垂数十年，今已垂垂老矣。而革命之志，老而弥坚，其热烈少壮之精神，犹如青春泼辣之少年，令人感奋！”著名剧作家田汉读到这份电报，肃然生敬虔之念，特为该电题写跋言说：“廖夫人之‘远见卓识’，及其谋国之诚，固绝伦而绝群，其子女亦能继其伟业，为中国之自由平等与幸福贡献其最善动，是殆缘不仅有英烈之父，且有贤母也。”并突显副题：“有母性如此，中国不可亡也！”

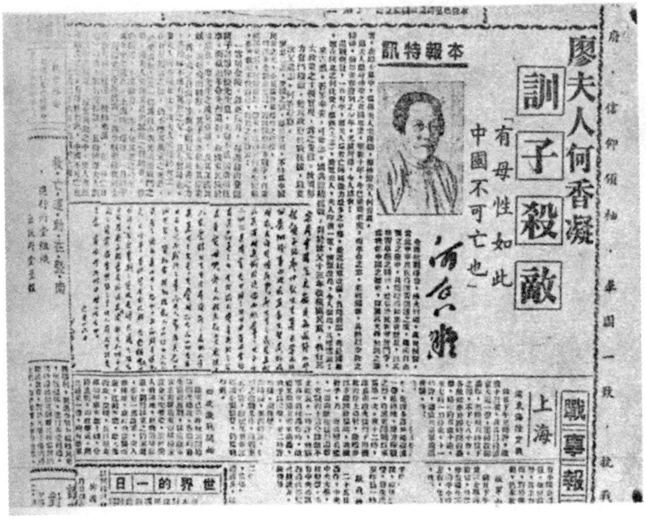
本報特訊

廖夫人何香凝訓子殺敵

「有母性如此 中國不可亡也」

戰專報

上海

世界的一日

1937年9月，上海《救亡日报》刊登何香凝“训子杀敌”的报道。

电文发表第二天，何香凝在接受《立报》记者采访并发表谈话中，殷切期望国共两党及全国人民一定要“一致团结起来切实的干”，以求中华民族的生存，并表示自己也要投身到抗日的洪流中。

（三）组织妇女　支援抗日前线

何香凝不仅是我国妇女运动的先驱，更是那个历史时期组织妇女“切实的干”的实干家。“七七”事变后，何香凝抱病亲自约集上海女界进步人士王孝英、黄定慧、沈兹九、胡兰畦、陈波儿等人组织发起成立了“中国妇女抗敌后援会”。在7月22日的成立会上，何香凝被到会的30多人一致推选为常务理事会主席，会址就设在她的寓所。

何香凝和上海参加抗日救亡工作的部分女同志在一起。

何香凝在会上发表讲话，号召妇女界：“团结起来，拥护政府抗战，不分派别，遵照总理民国十三年全国代表大会宣言，一心一德，为中华民族的自由解放，奋斗到底！”

7月24日，何香凝主持召开了中国妇女抗敌后援会首次常务理事会。会议根据何香凝的提议，通电蒋介石夫人宋美龄和各省政府主席夫人，呼吁她们也发动妇女大众参与抗日后援工作。在何香凝的推动下，8月1日，以宋美龄为主席的“中国妇女慰劳自卫抗战将士总会”在南京成立。8月4日，何香凝又主持召开中国妇女抗敌后援会第二次常务理事会，决议吸收18个妇女团体入会。同时，从全国大局出发并表示尊重宋美龄，将“中国妇女抗敌后援会”改名为“中国妇女慰劳自卫抗战将士总会上海分会”。

“八一三”上海抗战开始后，何香凝积极参加抗日后援，带头认捐救国公债，拿出画册募款，并常常在病床上拿着电话指挥工作，女儿廖梦醒在身边帮忙。在她的领导下，上海妇女慰劳和救护抗战将士的工作搞得有声有色，卓有成效：办了三期救护训练班学员500多人；办了四间伤兵医院，并每天晚上派车到前线附近接回伤兵；组织妇女日夜不停地缝制棉衣、棉背心、急救包、军鞋、手套、米袋数万件；派出胡兰畦等携带寒衣送往前线；等等。

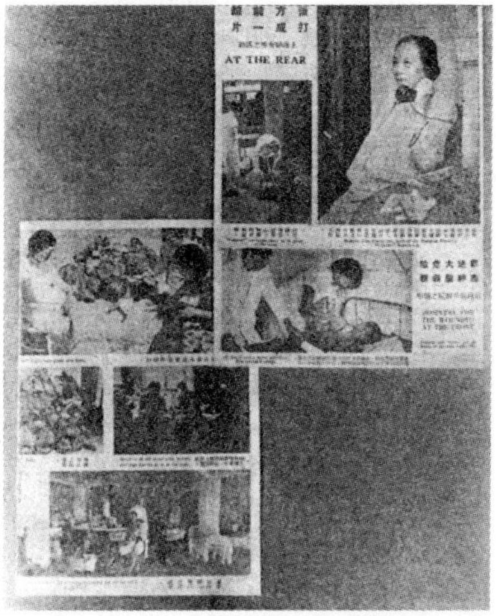

1937年上海《抗敌画报》刊载何香凝以及她领导的妇女抗敌后援会活动的照片。

何香凝还热情赋诗，激励将士英勇杀敌。其中，9月25日的一首诗是这样写的：

前者牺牲后者师，家家儿女送寒衣。

感君勇敢沙场去，留得忠名万古垂。

10月2日，来自湖南长沙的青年女作家谢冰莹为了替嘉定前线伤员募集救护药品，到上海辣斐德路何宅拜访。何香凝见到来自前线风尘仆仆一身军装的谢冰莹，兴奋地从病床上起来，吩咐身边的工作人员赶紧为谢准备救护药品和慰劳品，并高兴地说："今天见到你，我连病都忘了，我要写首诗送你。"她随即挥笔写下《赠冰莹》：

征衣穿上到军中，巾帼英雄武士风。

锦绣河山遭惨祸，深闺娘子去从戎。

写完之后，何香凝还说："我太兴奋了，来不及思索，就这样乱涂起来，你带到前线留个纪念吧。"谢冰莹深受革命前辈的热心鼓舞，勇赴前线劳军，后来著有《从军日记》等。

10月20日后，上海抗战的中国军队抵抗不住日军的强大攻势，节节退守。10月26日晚，中国守军88师525团团长谢晋元奉命率800官兵坚守上海苏州河北四行仓库一带阵地，掩护主力部队撤退。他们不怕牺牲，顶着敌人连续多次疯狂的进攻，坚守阵地四天四夜，毙敌200多人。

消息传来，何香凝深为谢晋元部顽强御敌之精神所感动，于10月29日亲赴四行仓库慰劳孤军，但受阻于苏州河上的老垃圾桥，未能到达孤军阵地。她肃穆地注视硝烟未消的北岸，遥致钦佩之情。回寓所后心情久久不能平静，当即写了一封热情洋溢的慰问信，高度赞扬谢晋元等官兵不怕为国牺牲的豪壮气概："你们每一个人，都已充满了孙总理和廖党代表的革命精神和牺牲精神，不管成功或成仁，都可以俯仰无惭了。"又说："殉国的将士，将因为你们而愈伟大；前线的将士，将因为你们而愈英勇；全国的同胞，将因为你们而愈加团结；国际人士，也将因为你们而愈能主张正义了"，并勉励他们"奋战苦斗，牺牲到底"。很快，她设法将这封信和一批食品、救护用品送去谢晋元部，给抗战将士以极大的鼓舞。

"四行孤军"将士剩下377人，于10月31日凌晨，奉命冲破敌军重围，全部退入上海的外国租界。

“八一三”抗战，是抗日战争爆发后第一次重大战役，我国军队在强敌凶猛进攻下，坚守阵地达三个月之久，毙、伤日军5万余人，彻底粉碎其“三个月亡华”的狂妄计划。后来由于日军增派重兵，中国军队被迫退守。1937年11月12日，最后一批守军撤出南京，上海陷入敌手，外国租界也成为“孤岛”。

（四）威武不屈　身陷“孤岛”奋战

当时，何香凝的寓所在法国租界辣斐德路。日本人不敢随便进入外国租界，但在上海组织以杜月笙为主的治安维持会，并不断对杜月笙施加压力，要他出面迫使上海各抗日团体停止活动。日本人还暗中勾结法租界巡捕房和派出特务，监视抗日团体。这样一来，住在法租界的何香凝如身陷“孤岛”，处于白色恐怖的包围之中。

一天杜月笙派出亲信和打手，到何香凝寓所进行威胁，声言如不停止抗日救亡工作，将对其身家不利。

何香凝想起先生廖仲恺生前的座右铭：威武不能屈！便不为所动，对不善的来者晓以爱国大义。她说：“我不能即时走开，因为国人捐献的慰劳救伤的东西，都没有发完，我不能辜负国人的付托。我不能走开，必须继续留下，尽快把东西处理好。”

可是，上海法租界的巡捕房接受了日军司令部的通牒，又派出上海钱业公会会长秦润卿前来干涉何香凝，以强硬的口气不许何香凝再活动，否则将被驱逐出法租界。

何香凝极为气愤，指着秦润卿的鼻子大骂道：“现在人人在抗战，我一个老妇女出来主持慰劳救伤的事，你也是一个中国人，应该同情、赞助才是，为什么你反而迫害我呢？你说什么法国人来干涉，为什么昨晚还有法国人捐东西给我们？我家存放的东西，你们可以检查，都是毛巾、香烟、棉衣、药品和纱布绷带等等，并没有犯法！可以打一封电报向法国国民议会质询，我们在法租界这样做事，是否要受驱逐？”

在何香凝的凛然正气面前，秦润卿理屈词穷，不敢吱声，过了一会，才放软口气劝说：“那你们不要过于频频活动，不要开会，不要大车大车地拉东西去前方了。”

何香凝还是气愤地回答：“我又没有犯法，你来抓我，我也不怕！”

何香凝坚持把人民捐献用来慰劳和救护抗战将士的物品绝大部分发放出去。之后，上海驻军已奉命全部撤去，慰劳工作已不能在上海进行，加以她的寓所门前常有特务和可疑的人往来监视，行动受到限制，何香凝才迁居到拉都路永安别业的廖梦醒夫妇家中。

随着日伪军在上海的日趋猖狂，为避开日寇的迫害，更有效地开展支持抗日工作，何香凝决定离沪赴港，再续抗战。她有条不紊地结束了“中国妇女慰劳自卫抗战将士总会上海分会”的工作。她将只有100多元的公款存折用自己的钱补足200元交给鲁迅夫人许广平，作为维持妇女救亡活动的费用。

正当何香凝筹备赴香港之时，接儿子廖承志从延安发来电报，也说即将前往香港，真是喜出望外。原来，廖承志根据中共中央的决定，前往香港组织半公开的八路军办事处。更加赶巧的是，此时已经痴心等待廖承志5年的经普椿姑娘从浙江绍兴来到上海。这让何香凝更加欣喜。就这样，何香凝带上女儿廖梦醒偕女婿李少石、小外孙李湄以及未来媳妇经普椿，乘船离开从事抗日救亡工作七年多的上海，向她的出生地香港进发。

她伫立船舷，遥望茫茫的东海，忆救亡七载之艰辛，将士抗战之奋勇，国共合作之难能，亲人团聚之不易。如今举家赴港，辗转仍为抗战，又能再见承儿，不禁悲喜交加，思绪万端……

二十八、香港救亡又三年

何香凝回到她自己的出生地香港，景物依然，乡音不绝于耳，倍感亲切和欣慰。然而，每当她想到神州大地，烽烟四起，数百万抗日将士血拼沙场，亿万民众流离失所，心情就沉重起来。她对自己说：香港不是我的避风港，而是我的特殊战场，继续从事抗日救亡的新地方。

1938年1月11日，何香凝在跑马地摩利臣山道的住宅为爱子承志和经普椿办婚事，婚礼简朴节俭。之后，她举家全力投身抗日救亡。已迈入花甲之年的何香凝在香港从事救亡的三年中，做了很多有益于国家民族的工作，主要有以下几个方面：

（一）积极筹集款项物资，援助抗日前线

1938年6月14日，以宋庆龄为主席的“保卫中国同盟”（以下简称“保盟”）在香港成立。何香凝是“保盟”的鼎力支持者。她不仅担任“保盟”的中央委员，还支持由中共安排前来香港工作的廖承志任“保盟”秘书长；支持女儿廖梦醒任“保盟”办公室主任。有时儿媳经普椿、女婿李少石甚至外孙女李湄，也参加“保盟”的一些“编外”工作，例如参与收集转运物资等，可谓举家为抗战尽心尽力。

“保盟”的中心任务是替中国共产党领导的抗日武装部队八路军和新四军筹款募捐。

抗战开始后，国民党始终把八路军和新四军视为异己力量，少发军饷甚至后期停发军饷，还对中共领导的抗日根据地实行军事和经济封锁。因此，“保盟”的筹款募捐，显得特别重要。

宋庆龄和何香凝联名发表了《致海外侨胞书》，号召华侨发扬革命救国的传统精神，继续对抗日部队进行援助。此外，何香凝还经常以个人名义致函致电海外侨胞，宣传抗日，争取援助。由于何香凝在海外有很高的声誉，所以筹款募捐很有成效。何香凝还绘了很多画，华侨每捐一笔款，她就赠送一幅画。女儿、儿媳协助磨墨、洗笔、包装、邮寄等工作。

同年9月21日，何香凝在上海《工商日报》发表《为前线将士呼吁扩大征募寒衣运动》一文，推动香港各界妇女为前线将士赶制棉衣，支援抗战。她在文中写道：“现在是秋天了，我们居住在暖和的香港，也感秋凉。在北方，在中原各地前线，恐怕是相当冷了。日子过得很快，转眼便到寒冬，前方各地都要变为冰天雪地的世界了。前线几百万英勇的将士，是否都置备了寒衣？我们多穿一件衣服，或者披上外衣的时候，我想我们大家都要应该想到那些为民族解放而冲上前线拼命的几百万将士，都置备了寒衣吗？我告诉你们：没有。那是我们的责任，是我们每一个国民的责任，我们每一个国民都应该为前线战士缝制棉衣！”

这篇充满爱国深情厚意而又通俗易懂的文章在香港妇女界引起强烈反响，赶制棉衣掀起高潮。何香凝从早至晚都牵挂着做棉衣的事，密切注意工作效率，及时总结经验。她提出“要出钱的拿出钱来，想出力的可以出力”的原则，以及“各社团动员组织缝衣队”等具体工作意见。她还写诗勉励大家：

英雄儿女手拈针，赶做寒衣到五更。

战士沙场秋夜冷，同胞救国励征人。

在何香凝的推动下，一批批棉衣运往抗日前线。

（二）救济因战争而流离失所的难民

随着日寇的铁蹄踏过长江，华南地区无数难民涌向广东深圳和香港。无数难民露宿街头，饥寒交迫。其悲惨的境况，使何香凝食无味、寝难安，无法坐视同是炎黄子孙的同胞流离失所。更想到安置难民可以减轻政府抗战的压力，也是为抗战做出一份贡献。于是她积极投入到救济难民的工作之中。

1938年上半年，何香凝和一些爱国人士发起召开“香港各界赈济华南难民联席会议”，成立“难民救济会”，“以期唤起富有者捐赠资财，以良心救济难民”。该会成立不久，筹得款项数万元，购药品、衣物、食物一批用来救济难民，余款交政府统一安排救济事项。何香凝对那些埋没良心、不顾难民死亡的香港少数富人和寄居香港的国民党当政诸君，著文予以猛烈的抨击：“当国难临头，河山破碎，民穷财尽，较昔时尤为严重之今日，余等应饮水思源，何忍养尊处优而将赈济难民之举不闻不问耶？今闻有某君等，在香港某地，购置价值数十万元之屋多

1938年夏天，何香凝在香港和从事抗日活动的文化界人士合影。右起欧阳予倩、廖梦醒、洪道、何香凝、丁聪、夏衍、瞿白音、陈歌辛。

间，为避难之所。难民辈食无一饱，住无立锥，而一部分所谓要人者，只知图私人享受，此种自私自利行为，实足贻笑世人！”

同年8月26日，何香凝应邀出席香港妇女慰劳会成立一周年纪念大会。当她看到出席大会的一些男女“满身绮罗文绣，涂脂抹粉”时，感到“如芒刺在背”，当场赋《公子佳人》诗一首，讽刺鞭挞不顾难民的糊涂虫：

车如流水马如龙，公子佳人在座中。
舞榭梨园朝复墓，不问遍野是哀鸿。

儿郎傅粉女涂脂，更是绫罗纫绣衣。
输出金钱资敌用，同胞被炸肉横飞。

香港妇女斗繁华，七宝妆成艳似花。
一夜缠头歌舞费，灾区能养百人家。

1938年10月，广州沦陷，更多难民涌向深圳、香港，何香凝领导的香港救济工作更加繁重。11月，她在廖梦醒、陆晶清等陪同下，亲自往深圳慰问难民。在一座祠堂的里里外外，挤满了数以百计的老弱病残难民，有的已是气息奄奄，等候救济。何香凝马上吩咐把带来的干粮、水果分发给难民们。她还流泪给几个患病老人喂水喂粥。为了尽快安置这批难民，何香凝和几位难民救济会负责人在路边开了紧急会议，采取了三条应急措施：（一）住。与附近农家商量借出房子和急搭帐篷，提供给难民挡风遮雨；（二）吃。多设临时炉灶，烧煮开水、米粥供食，并多方面开展募集食品工作；（三）医。立即成立医务站，为难民治病疗伤。由于何香凝全情投入，救济难民的工作很有成效。

（三）大造团结抗战的舆论，痛斥伪倭，激励军民

何香凝在香港坚持抗日救亡的三年间，时刻关注着时局形势的发展，针对国民党高层的动态，宣传国共团结抗战则抗战必胜的观点，痛斥汪精卫叛国投敌和揭露蒋介石制造“皖南事变”的反共行径。她先后发表政治文章、声明、信件、诗文、记者谈话等四十多篇（次），为团结抗战擂鼓助威，摇旗呐喊，激励军民。

1938年12月，国民党副总裁、国防最高会议副主席和国民参政会议长汪精卫从昆明潜飞越南河内，投靠日寇。12月29日，汪精卫在河内发表臭名昭著的“艳电”，向国民党当局建议“和平”，劝蒋介石也投降日本。从此，汪精卫成了可耻的汉奸卖国贼。

从抗战开始，代表着国民党大资产阶级“亲日派”利益的汪精卫，是一个领袖欲极强的政客，自命不凡，不甘寂寞，不愿屈居人下。他因处于蒋介石之下，没有掌握最高实权是心有不甘的。

何香凝与汪精卫虽有“三十余年曾共患难的友情”，但她对汪精卫抗战初期曾散布的“战必败，和未必大乱”的亡国论调极为不满，继而对汪精卫随南京政府撤退重庆后所散布的媚日、反共论调大为震惊，敏锐地洞察到这是国民党内一股妥协投降的暗流，并于1938年10月28日与宋庆龄等6人致信林森、蒋介石、孙科等最高领导人，指出汪精卫的问题。想不到这信发出不到两个月，汪精卫竟然逃离重庆，公开投敌了。

消息传到香港，何香凝气愤至极，拍案大骂汪精卫，连夜写下《斥汪精卫》一文，于1939年1月1日发表在《星岛日报》显要版面。她在文中愤怒斥责汪精卫“腼颜事敌，不知何以对总理及殉国诸烈士，及数十万抗战之军士与被残杀同胞？”“不特民族气味全无，连做人的良心都已丧尽”。接着，她逐条驳斥汪氏的卖国“理论”。其中特别指出汪氏的所谓的“防共”就是“灭华……共同防共实际上是请人灭华而已”。

何香凝在文中进一步揭露汪精卫的阴谋：“然而我最寒心的，倒不是这些荒谬之谈……我认为最危险的倒是汪氏故意尚以政府中人自居，以这样‘建议’的形式实比普通的‘造反檄文’还要恶毒”；“特别是汪氏颇懂得抓住挑拨国共两党情感的方法，并将这一手拿来给两党情感中素不甚融洽的某些分子做买卖，想在业已不成问题之地方行政军队问题上挑拨出弥天大祸之后，便好给‘善邻友邦’开出渔人得利的门径”。

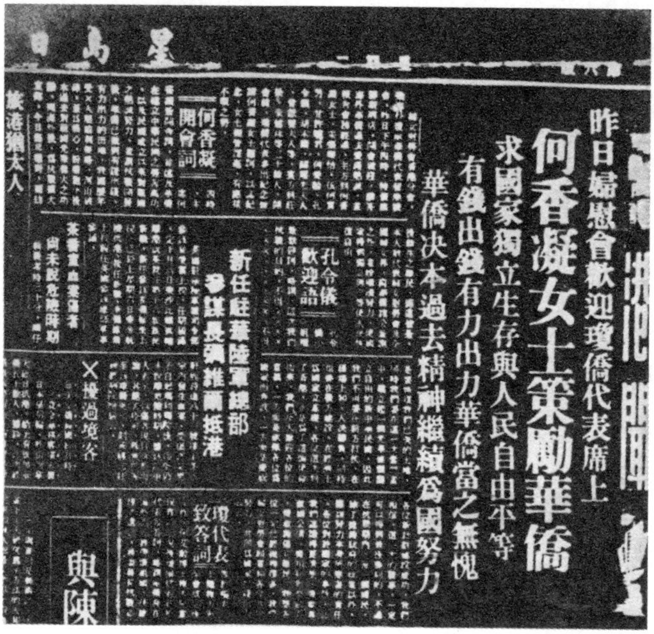
星島日
昨日婦慰會歡迎瓊僑代表席上
何香凝女士策勵華僑
求國家獨立生存與人民自由平等
有錢出錢有力出力華僑當之無愧
華僑決本過去精神繼續爲國努力
何香凝開會詞
孔令儀歡迎語
瓊代表致答詞
新任駐華陸軍總部參謀長彌推爾抵港

1939年1月，香港《星岛日报》刊登何香凝策励华侨支援抗日战争的报道。

何香凝在《斥汪精卫》文中还重提汪精卫六年前曾在南京说过“细之想来秦桧算不得汉奸”的话，严厉斥责这个败类出卖人格，步秦桧的

后尘，堕落成为汉奸卖国贼。她严正要求当即开除汪精卫党籍，并对他严加惩处。

此后，何香凝一再发表痛斥汪精卫的文章和谈话，严厉谴责其叛国投敌罪行，并一再强调必须坚持和巩固抗日的民族统一战线。

（四）揭露蒋介石在联共抗日中积极反共的罪行

1938年10月起，抗日战争进入战略相持阶段。抗日正面战场的最高统帅蒋介石虽然没有接受汪氏乞和及投降“建议”，主张继续抗战，但他却是何香凝在“斥汪”文中指出那种对国共“两党情感中素不甚融洽的某些分子”，没有放弃反共、实行国民党独裁的基本立场。1939年1月21日至30日，在重庆召开的国民党中央五届五次全体会议上，决定继续抗战、强化国民党和联共又防共的基本方针。

此后，国民党当局由抗战初期的联共抗日转而消极抗日、积极反共。他们打出“统一军令、政令”的旗号，在各地制造反共摩擦并不断升级。1940年年底，国民党调集40万大军包围中共领导的陕甘宁边区根据地，同时，又调集8万多兵力布置在皖南，准备围歼在抗战中屡建功勋的新四军，还暗中策划企图消灭八路军的方案。

身在香港的何香凝对局势的发展深感不安，除了连续著文呼吁两党真诚合作团结抗战外，还特邀宋庆龄、柳亚子、彭泽民开会，于1941年1月12日联合起草了一份给蒋介石及国民党中央执行委员、监察委员的公开信。此信提出对局势发展的见解，重申孙中山三大政策，要求撤销剿共的军事部署。

当这封公开信印好正待国新社发给报馆时，震惊中外的“皖南事变”发生了：新四军九千余人在叶挺军长率领下，奉国民党军委之命北移时，在安徽茂林地区遭国民党部队8万余人的包围袭击。激战7天

7夜，新四军大部分官兵壮烈牺牲或被俘，叶挺也被无理扣押，仅有千余人突围得救。1月17日，蒋介石以国民党军委的名义发布命令，掩盖事实真相，反诬新四军叛变，悍然宣布取消新四军番号，并将叶挺军长交军事法庭审判。

1939年，何香凝和宋庆龄在香港合影。

事件发生后，国民党当局做贼心虚，严密封锁新闻。同时扣留何香凝等四人的公开信不准发表，并以杀害叶挺相威胁。何香凝、柳亚子等以释放叶挺为条件答应不发表那封公开信。但公开信的印刷品已在社会上广为流传，2月9日，延安《新中华报》予以登载，它依然给蒋介石集团以沉重打击。何香凝对"皖南事变"极为愤慨，在蒋介石发布取消新四军番号的第二天即与宋庆龄、陈友仁联名打电报给蒋介石，痛斥其破坏抗战、反共分裂的倒行逆施，强烈要求国民党当局"必须停止镇压共产党的行动"，此电在香港报纸公布于众。

上述公开信和电报，揭露了蒋介石破坏抗战的严重罪行。蒋恼羞成怒，但慑于何香凝、宋庆龄的特殊身份和社会威望，无可奈何之下，向柳亚子开刀，当时曾被毛泽东赞誉为"很有骨气的旧文人……叫做人中麟凤"的柳亚子，除与何香凝等联名写信外，还以自己的名义抗议国民党一手制造"皖南事变"，一针见血指出事变乃"中枢负责人士，借整顿军纪之名，行排除异己之实"。蒋介石对柳亚子反咬一口，以"诬蔑中央，作种种违反国策之言论"为由，于同年4月2日，将同盟会元老、国民党中央监察委员柳亚子开除国民党党籍。何香凝感到愤愤不平，4月5日，她在接见香港《华商报》记者发表谈话时指出：“说柳亚子‘种种反国策言论’，大概指1月12日柳同志签署之‘上蒋总裁及中央委员同志书’。查该文件乃何香凝所倡议，得孙夫人赞许，后征得柳同志同意而发表者，其中主张息内争，固团结，以收抗敌实效，并力陈当前急务为重视总理伟大之三民主义三大政策，以救危亡。”她愤慨斥问：“如果这些主张可称为‘违反国策’，则何为国策？国策何在？……这封公开信是我发起的，为何不开除我的党籍？！”

柳亚子对自己被开除出国民党党籍之事一笑置之。他针锋相对地说：“我早就应以中央监察委员的身份，提议开除蒋介石的党籍！”

在国际国内舆论的谴责下，蒋介石集团不得不有所收敛。在开除柳亚子之前的第二届国民参政会上，蒋介石曾表示，皖南事变“不牵涉党派政治”，“此后亦无剿共的军事”。

1941年4月8日，中共党组织在香港创办的《华商报》创刊号刊登了何香凝特为该报的题词：“团结抗战，抗战必胜；真诚合作，建国必成。”此后，她常为该报撰写文章，或对记者发表谈话，坚持不懈地为抗日救亡尽心尽力。

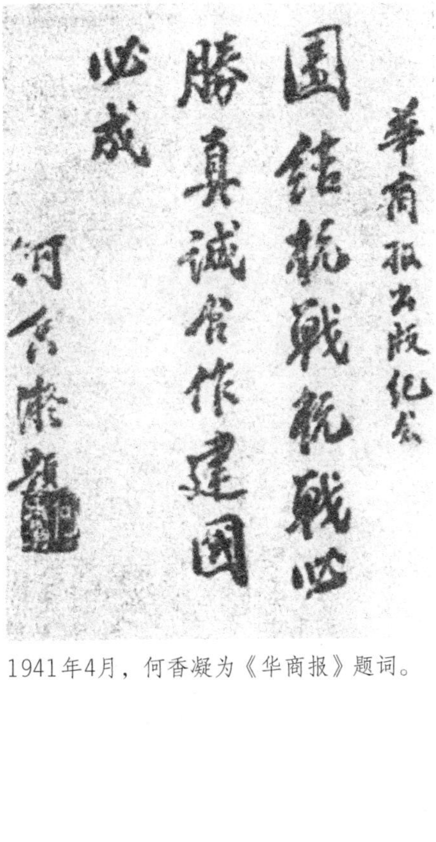

1941年4月，何香凝为《华商报》题词。

二十九、流亡粤桂抗时穷

抗日战争后期，60多岁的何香凝被迫流亡广东、广西，在那万里飘零的艰苦岁月中，她“敢将勇气抗时穷”，不管走到哪里，都在那里坚持抗日救亡活动，直至打败日本侵略者。

1941年12月8日，狂妄至极的“小日本”对英、美宣战，发动太平洋战争，偷袭美海军基地珍珠港和英国战略基地新加坡，接着，日军轰炸英辖地九龙启德机场，把侵略魔爪伸向香港。

10日黄昏，时任八路军香港办事处主任兼中共南方工委委员的廖承志匆匆赶到何香凝在九龙的临时寓所，接走母亲、妻子和年已三岁的女儿廖兼，以每人10元的高价租小船逃离九龙，渡海到达香港岛。先在“保盟”办事处暂住，第二天便寄居中环蔡廷锴家中。12日，九龙沦陷，日军与英军隔海炮战，到25日，英军扯白旗投降，香港沦陷。日军、汉奸、特务大肆搜捕爱国将领和进步文化人。何香凝在白色恐怖中机智应对，辗转迁徙，避过一劫。

当时，困留香港的还有柳亚子、茅盾、夏衍、邹韬奋等著名民主人士和文化人。中共中央急电指示廖承志：“他们是我国文化界精英，要想尽一切办法将他们营救出来。”为此，廖承志依靠东江抗日游击队港九大队展开了长达数月的大营救活动，帮助文化界精英及其家属800多人脱离虎口。

1942年1月15日，在暮色苍茫中，何香凝身穿广东农妇惯穿的蓝色

唐装大襟衫，偕同经过化妆的经普椿母女，乘小船离开香港，在长洲岛停了一夜，次日转乘中共地下组织准备的一条只有两帆且被拆掉机器的中等船前往粤东。同船有经过化妆的柳亚子、柳无垢父女等人。

这艘只靠风力的帆船驶向大亚湾海面之后，不是无风就是逆风，原本两天的航程，却在海上漂流了七个昼夜还没有到达目的地，一度水尽粮空，幸遇东江游击队的巡逻船，得知船上有廖仲恺夫人，才送来淡水、番薯和肉食等，解了燃眉之急。感慨之下，何香凝写下《日寇侵占香港后回粤东途中感怀》：

水尽粮空渡海丰，敢将勇气抗时穷。

时穷见节吾侪责，即死还留后世风。

1月24日，经过8天8夜的漂流，何香凝、柳亚子等人乘搭的帆船才到达海丰县马贡港口收帆入港。上岸后，受到中共地下党设在海边的小渔村——南新村的隐蔽联络点的接待。因柳亚子父女是江苏人，不会广东方言，怕容易暴露，住了两天就被转移到大革命时期的山区老根据地九龙寨去了。而何香凝和儿媳孙女在海边小渔村住了五天之后，通过一番周折，被海丰县国民党党部接到县城去了。

何香凝到达海丰县城后，不顾旅途疲劳，即到当年彭湃领导海陆丰农民运动纪念地红场作了抗日救亡的演讲。听众两千余人。何香凝在演讲中愤怒控诉日寇侵占我国领土、残杀我国同胞的罪行，号召民众不分党派、不分地域团结起来一致抗日。全场听众情绪高涨，高呼“打倒日本帝国主义”、“抗战到底”等口号。何香凝在海丰的10天中，还常到附近农村、驻军兵营与群众、官兵聊天，宣讲国共团结抗日的道理，深入浅出，大受欢迎。

1942年2月中旬，何香凝一行由海丰县政府护送，到达兴宁县。当时的兴宁一隅，虽也遭日机空袭过，但还算是较为宁静的地方。何受到老同盟会员罗翼群的热情招待，暂居罗的故乡鸳塘（今苑塘）村“文静居”怡怡楼。住所陈设简朴，用乒乓球台作画桌。其作品常托罗翼群推荐出售，易米度日。兴宁乃粤东文化之乡，有不少文化人慕她的名，更爱她的画，以求得一画为荣。兴宁中学（现兴宁一中）有一位图画教师叫甘乃民，是广州人。工笔山水画有点名气，慕何香凝大名前来合作，搞了一次画展，吸引不少书画爱好者前来参观，买画者更众。她常对人说：“我谁也不靠，靠我自己过活。”

有一次，何香凝应邀到兴宁中学演讲，面对师生，慷慨陈词，揭露日寇侵华残杀人民；指责贪官污吏大发国难财置人民生死而不顾；呼吁群众团结起来抗日救亡，争取抗战早日胜利。讲到激动时，义愤填膺，声泪俱下，师生们亦被感动得流下眼泪。

1942年春，何香凝曾到广东兴宁中学作抗日宣传演讲。图为兴宁中学（现兴宁一中）现状。（熊友华　供图）

当时，经普椿身怀六甲，即将分娩，由友人香翰屏介绍其在兴宁医院待产。1942年5月2日，一个男婴呱呱坠地，母子平安。何香凝欢悦地说："仲恺有后了！"遂起名"恺孙"，后叫廖晖。

何香凝抵兴宁后，曾电告在韶关的原孙中山警卫团长李章达。是年初夏，李章达复函邀请何香凝赴韶关。因经普椿产后不宜远行，何香凝请一个年轻保姆照顾儿媳、孙子、孙女，安排妥当后，便乘罗翼群的便车去了韶关。

韶关是粤北重镇，抗战中后期的广东省省会。何香凝到达韶关后，客居廖仲恺堂妹夫区觉孟家，住在五里亭附近的"湘衍园"。她住的是一间用竹篾搭成、黄泥批荡的房子。与李章达相聚后，又得李的安排与辗转前来韶关的柳亚子相见。烽火连天，战友异地重逢，难免悲喜交集。柳亚子诗兴大发，赋诗多首。其中诗云："家国期儿辈，眠餐托小姑。孙枝喜新苗，珍重渥洼驹。"果然，后来廖恺孙（即廖晖）终成国家栋梁之才，乃是后话，暂且不提。

何香凝在韶关期间，曾约见时任广东省政府委员、第七战区编纂委员会主任许崇清，商讨抗日宣传之事。也曾约见仲恺农工学校负责人陈颂硕，详细询问学校情况。陈颂硕禀告：抗战爆发后，仲恺农工学校先后迁南海西樵山、中山南屏乡、澳门等地办学。1941年汪伪政权为粉饰太平，企图诱使学校迁回广州复办，但遭到师生拒绝。如今迁至乐昌西乡桂花村搭棚办学，200多名师生坚持抗日救亡和扶助农工。何香凝语重心长地说："我老弱多病，又要到广西去，前程未卜，故不能继续担任校长的职务了。学校校产仍由校董会管理，我还要尽校董之职责。学校总会有一天返广州复办的。不论校名怎么改，'仲恺'这个名字不能改，仲恺扶助农工的精神不死。"

在韶关期间，何香凝还得悉儿子被捕的消息。原来廖承志在香港出色完成了对文化名人大营救的任务后，到了乐昌。由于中共南方工委组织部长郭潜被捕叛变，致使廖承志在坪石被国民党逮捕。何香凝十分气愤，赴乐昌营救无效后，便对坐镇韶关的第七战区司令长官余汉谋探询，余汉谋当即据实告知，廖承志已押禁江西省泰和县马家洲集中营。

心急如焚的何香凝又给重庆的国民党元老于右任、戴季陶、孙科、吴稚晖等人发去电报，抗议政府抓她的儿子。为营救爱子，她滞留韶关近一年之久，利用各方面的关系奔走营救均无结果。这一次，廖承志被囚禁至1946年初才获释。这四年间给何香凝增添了不少精神负担，思子之苦，家仇国恨，愁添了不少白发，苍老多了，但老而弥坚，救国、革命意志更加坚定。

1943年4月，何香凝与儿媳、孙儿、孙女一行四人在共产党人的护送下，离开广东韶关，抵达广西桂林。在赴桂林途中，又以诗抒怀明志：

万里飘零意志坚，怕为俘虏辱当年。

河山不复头宁断，逆水行舟勇向前。

此时的桂林已经汇集了来自香港、广东等地的文化界精英和著名爱国民主人士。不少是何香凝相识相知的好友，如柳亚子、李章达、蔡廷锴、陈此生、金仲华、陈翰生、千家驹、萨空了、叶浅予、宋云彬、田汉、戴爱莲、杨刚、郁风、端木蕻良、朱蕴山、陈劭先、欧阳予倩、熊佛西、孟超、司马文森、韩北屏、尹瘦石等。

为何这座小城能在抗战的“天时”云集如此之多的重量级人物呢？除“桂林山水甲天下”的地利外，恐怕是“人和”的因素了。原来在桂林握有地方实权的李济深时任国民党军事委员会驻桂林办公厅主任，是反对蒋介石的，他有“西南文化保护人”的美誉。桂林在抗战时间被誉为文化圣地，人称“小延安”。

何香凝到达桂林后，初时寄居芙蓉路八角塘5号邓世增家中，平日少出门，只和老友来往。期间，敌机常偷袭桂林，为保护何香凝一家安全，在中共党组织的帮助下，何一家迁居桂林东郊观音山麓一所“竹织批荡”的房屋居住，过着半隐居式的生活。她和经普椿开荒种菜、养鸡，帮补生活。而生活主要来源还是绘画卖画。她有一首卖画抒怀诗是这样的：

结交自古重黄金，贫贱骄人感慨深。
写幅岁寒图易米，坚贞留得万年心。

何香凝的画在桂林销路有限，她就托人把画带到重庆交由廖梦醒代卖，所得之款部分用来接济穷女友。

观音山不远处是羊角山。被蒋介石软禁的原新四军军长叶挺就住在羊角山一座坐北朝南的新宅。他养了四头小猪，一头奶牛，一群小鸡，过着清苦的生活。附近驻扎有一个排的士兵，日夜监视着叶挺的活动，叶挺常到何香凝住处交谈和接待来访客人。而那些士兵对何香凝敢骂蒋

1943年，何香凝流亡广西桂林时，曾在市郊观音山办小农场，以种菜养鸡作画维生。图为观音山远眺。（余德富、林子平摄于1983年）

介石的事情也有所了解，所以不敢阻拦叶、何的来往，生怕被这个老太婆骂得狗血淋头。

何香凝本来有计划到重庆去，甚至托女儿在重庆租了房子买了家具，订了飞机票。但蒋介石害怕何香凝到重庆后逼他要廖承志，所以命令航空公司不得卖飞机票给何香凝，令她赴重庆的计划落空。然而，善于耍两面派手段的蒋介石，却派人假惺惺地专程去“探望” 何香凝，带去信函和一百万元支票，说是给她赴重庆的旅费。何香凝识破蒋的两面派手段，气愤地在信封背面写上：“闲来写画营生活，不用人间造孽钱”，将来信和支票原封不动地交来人退回蒋介石。

耿直坚贞的何香凝不畏权贵。后来蒋介石出于某种政治需要，又请她到重庆去，她说：“我饿死也不到重庆去！”再后来，白崇禧知道何香凝一家四口还带个小保姆，生活十分困难，便托昭平县县长韦瑞霖带5万元给何香凝，她说：“这钱是白副总长的吗？若真是白先生的，我可以收下。若是蒋介石的，我饿死也不要。”何香凝对去不成重庆之事赋《感怀》诗云：

飘泊天涯隐桂林，国仇家恨两相侵。
难行蜀道知何故？事出无因却有因。

何香凝去不成重庆后，留在桂林积极参加抗日救亡活动。与爱国将领、民主人士、文化精英经常集会，谈论国事，绘画排忧，吟诗抒怀。一次，民主人士集会并聚餐，餐后每人用纸写一句话，何香凝写下“坚决实行三大政策，每饭不忘”的警句，获得掌声最为热烈。又有一次，她对采访的美国记者说：“我反对一党专政，反对投降，反对分裂。同时也抗议国民党无故逮捕我的儿子，这是不团结的证明，不民主的证明。”

1944年3月8日，桂林各界妇女隆重集会纪念“三八”节。何香凝在会上作了题为《纪念今年“三八”节，不要忘记大众的苦难》的讲话，博得全场热烈掌声。她说：“在沦陷区，甚至在大后方，都有千千万万人在饥饿流亡。去年广东灾荒，饿死及无家可归的人据英国援华总会报告，就在二千万以上。从前我们鼓吹革命，曾经对老百姓说，只要革命成功，大家就可以过安乐的日子。如今惨痛地看着饿肚子的民众们，真是无以对殉国诸烈士。”接着她追忆孙中山的临终遗嘱，表示要坚定地执行三大政策，坚守革命的节操。“当我没法解救大众的苦难时，我宁可吃粗米红薯，和大众同样吃苦，分担大家的苦难。”

1944年4月，日本为挽救在太平洋战场上的失利，援助它侵入南洋各国的孤军，便发动打通中国大陆交通线的战役。6月至8月，日军攻占了湖南长沙、衡阳并逼近广西，局势非常紧张。这时，何香凝和柳亚子、李济深等积极带头组织民众献金捐款支援前线。9月，日寇逼近黄沙河，沿湘桂路进犯桂林，烽烟四起。桂林军、政等部门纷纷向湘西、贵州方向紧急疏散。而何香凝和普通平民百姓一样，向桂东南方向逃难。

此前经普椿已离桂林赴重庆。何香凝带着两个小孙和一个保姆，寄居在桂林木龙洞旁的李任仁家。李家后门便是漓江的一条支流，为防敌机空袭并准备随时逃难，何香凝用卖画的存款2万元托陈此生等帮助购一条木船，并雇用一船工，船备后门以备应急。

在桂林沦陷前的9月上旬，已66岁且体弱多病的何香凝才带着小孙和保姆，匆匆上了不蔽风雨的木船，沿漓江顺流而下。在船上，她怕刚会走路的小恺孙不小心滚下河去，便用一条绳子十字交叉绑在小孙背上，另一头绑在船篷柱上。木船顺漓江先到阳朔。“阳朔风景甲桂林”，逃难中的何香凝遥望两岸如画的风景，心情越发悲痛，她再以诗记事感怀：

战云弥漫遍神州，国破家亡恨怎休？
但得军民同御敌，烂船漂泊也风流。

何香凝的木船在阳朔停留约十天，该地也战事紧张，民众大疏散。何香凝只得吩咐船工走向平乐县，在这里逗留三天后，又匆匆再上木船，于9月20日傍晚到达了昭平县城码头。

昭平地处山区，地形险要，相对平静。何香凝在昭平县县长韦瑞霖帮助下，住进该县国民中学校舍内。其时，陈劭先、梁漱溟、千家驹、欧阳予倩、张锡昌、莫乃群等许多知名人士也疏散到这里。何香凝不顾疲劳，团结众多进步人士继续从事抗日救亡活动。以张锡昌领导的工会职工500多人为骨干，成立了“昭平民众抗日自卫工作委员会”（以下简称“自卫工委”），推德高望重的何香凝为顾问。“自卫工委”工作十分活跃，每周开联席会议两次，何香凝每会必参加，到会必发言。她常常说，要把男女民众都发动起来，有钱出钱，有力出力，保卫昭平。在她的激励推动下许多青年踊跃参军，成立了“抗日青年军中队”、“战地救护委员会”，设立兵工机械厂和平民商店等。何香凝还绘画为自卫队募捐军饷，募集寒衣，走访基层，接待民众，勉励大家一致抗日。

1944年中秋节前两天，何香凝为感谢韦瑞霖县长，特以“双清楼主”署名画了一幅《梅菊图》相赠，并题诗曰：

先开早具冲天志，后放犹存傲雪心。
走遍天涯留画本，不知人世几升沉。

同年11月26日，何香凝离开昭平迁居贺县八步镇。昭平各界组织了“廖夫人送别会”。她在会上说：“桂柳相继沦亡，梧邕失守，山河破

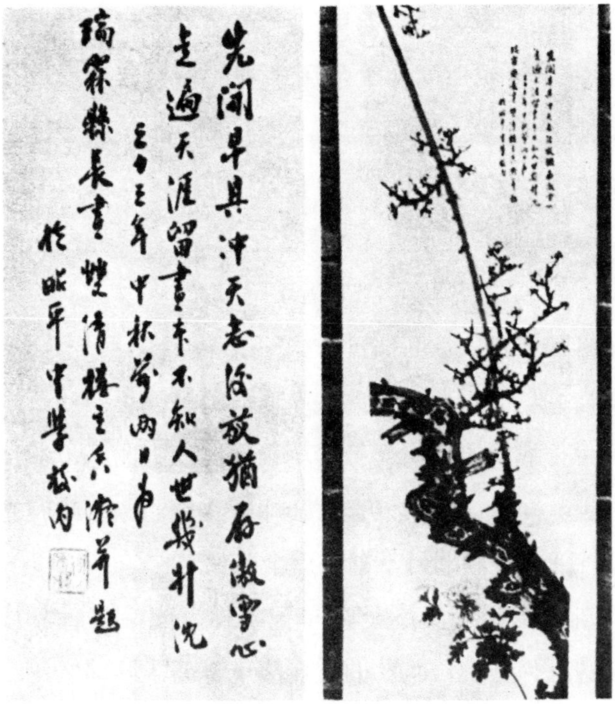

1944年秋，何香凝在广西昭平县宣传抗日时，作画题诗感谢县长。（余德富、林子平摄于1983年）

碎，民众流离，这实在是后死者耻辱。不特无以对总理在天之灵，且辜负千百革命烈士为革命所流的鲜血……今天，我贡献各位的：第一能团结抗战，只有团结抗战，才可以自卫，才可以图存，今天我们的情境，仿佛在苦海孤舟中，不团结努力，又何能到达彼岸？第二解决民众疾苦，唤起民众，动员民众。”

何香凝在八步镇也未能安居，因地方反动军官王、罗之乱，叛匪袭击八步，致使何香凝搭车疏散到贺街，又夜走信都，颠沛流离月余再回八步，衣物行李在途中大部分散失。回到八步不久，又遇“梁上君子”光顾，仅有的一些衣物、被盖被席卷一空。何香凝处之泰然，在八步坚持抗日救亡直至抗战胜利。

1945年农历端午节，在八步公园举行的诗人节会上，何香凝致词并吟诗，致词中勉励大家学习屈原的伟大爱国精神，积极参加抗日救亡，争取早日收复失地，所吟新作豪迈奔放。但后人在传抄中残缺了三个字：

诗人流放楚江臬，丹心如火□□□。

中华儿女多英杰，收复河山返故都。

当时，她还捐了两幅画义卖，资助抗日。

1945年8月8日，在斯大林的领导下，苏联政府对日宣战。8月9日，毛泽东发表《对日寇最后一战》的声明，号召全国军民加强团结，举行全国规模的大反攻。何香凝闻讯，非常兴奋，随即著文感谢苏联政府的帮助，并预见中国人民抗战“胜利的日子即刻就会到来”。

1945年8月15日，日本帝国主义终于宣布无条件投降。何香凝从“九一八”事变后回国进行14年抗日救亡的心血终于浇开了胜利之花，中国人民八年抗战胜利了！

三十、不遗余力反内战

抗日战争胜利的消息通过收音机传到广西八步镇，全镇人民欣喜若狂，整个小镇沸腾起来，大家纷纷涌向街头，欢庆胜利。何香凝更是热泪盈眶，心潮澎湃，憧憬着一个和平、民主新阶段的来临。

当她获悉毛泽东率领中国共产党代表团于8月28日抵达重庆与蒋介石共商建国大计的消息时，更加精神振奋，遂于9月5日以满腔政治热情致电蒋介石和毛泽东，对国共两党高层会晤表示“不胜欣慰”，期望“商议和平建国，民主合作”。

1945年10月10日，国共两党经过43天谈判，签订了《政府与中共代表会谈纪要》（史称《双十协定》）。双方在“和平建国”问题上达成共识：“和平建国必须以和平、民主、团结为基础；政治民主化，军队国家化以及党派合作平等，为达到和平建国必由之途径。”但双方在是否重选国大代表，中共军队编制、人员委任和地方武装处理、中共解放区地方政府合法性三个重要问题上仍有分歧。10月11日，毛泽东回延安了，周恩来留在重庆继续谈判。

蒋介石和毛泽东相互祝酒的照片及相关消息在全国乃至全世界的报纸刊登了，何香凝也一阵欣喜，热切期待和平建国早日到来。

正当何香凝沉浸在欣喜和期待中时，却传来了晴天霹雳的噩耗：跟随中共代表团在重庆工作、时任十八集团军驻渝办事处秘书李少石在重庆遇难了！

事情发生在1945年10月8日晚上，何香凝的挚友柳亚子从重庆郊区沙坪坝前往十八集团军驻渝办事处找周恩来，而周恩来当时参加张治中宴请毛泽东的酒会，接待柳亚子便由办事处负责人徐冰和秘书李少石负责。谈完工作后，嗜诗如命的李少石和柳亚子兴致勃勃地谈论起诗词来，时至深夜仍意犹未尽，末了办事处用周恩来的车送柳亚子回沙坪坝。在返回办事处途中，因司机开车过快，偏离公路，不慎撞伤在路旁小便的国民党陆军重迫击炮第一团一名兵士，粗心的司机未发觉而继续前进，即遭受兵士的班长鸣枪制止，孰料这一枪竟击中该车，并穿过后垫击中李少石，致使廖梦醒的丈夫、何香凝的爱婿重伤不治，英年早逝。

对李少石的不幸遇难，周恩来、柳亚子等人非常痛心。在重庆的宋庆龄、邵力子、沈钧儒、陈铭枢、郭沫若、茅盾、马寅初、张友渔、欧阳翰、张西曼等纷纷前往吊唁并慰问廖梦醒。毛泽东在离渝返延安前，也亲笔题词："李少石是个好共产党员，不幸遇难，永志哀思。"

沉浸在巨大悲痛中的廖梦醒担心母亲惊闻噩耗后心脏病发作，所以在办完丈夫丧事后犹豫再三才婉转禀报母亲。

何香凝顿觉天旋地转。啊，20年前丈夫为国牺牲，20年后，革命尚未成功，女婿又惨遭不幸。而爱子至今尚在狱中，生死未卜……天呀，这是谁造成的？！

同年10月下旬，秋风瑟瑟，落叶纷纷，满怀悲楚和忧伤，但又十分坚强的67岁老人何香凝，带上7岁的孙女廖蒹和4岁的孙子廖晖，离开八步，辗转梧州，水陆并行，于月底回到广州，从而结束了近4年的流亡生活。在广州，她寄居在友人潘寿西于西关长寿西路的家中，密切关注着和平建国进程。

然而，《双十协定》墨迹未干，满怀野心坚持独裁统治的蒋介石，在美帝国主义的支持和帮助下，早在十多天前就暗中颁布了“剿匪”密令，先后调动100多万正规军和50多万地方武装，肆无忌惮地进犯中共晋东南解放区上党地区和晋、冀、鲁、豫解放区邯郸一带，从而点燃了内战之火。

何香凝深感问题严重，毅然挺身而出。11月1日即致函宋庆龄、宋子文和孙科，要求他们三位向蒋介石“苦言力争”，停止发动内战。她在信中说：“抗战八年，将士和民众的痛苦与牺牲已经太大了，再经不得流血破坏了，团结和平是全国民众的一致要求。我们不要因为党派的利益问题而破坏国家的和平，我们要宝贵青年和民众的血，留作建国之用。”“我不能到重庆去，希望你们三位向蒋先生苦言力争停止内战，一切问题以政治协商求得合理解决。”

此时，何香凝侄女廖承麓和许崇清一家也从韶关迁回广州，住在西关蓬莱路。一天，为国家前途忧虑的何香凝到访。她见到了侄女的儿子许锡挥正在看报，便说：“你读初中了吧？不要只挂着读书。多看看报纸就对了。我讲个道理给你听，要做成什么大事都要讲天时、地利、人和。现在中国天时、地利都好，就是没有人和！你听明白我的话吗？”少年许锡挥点头，牢记舅婆的话。及至他成长为中山大学教授之后，忆述何香凝当年追求和平民主运动，都提起令他终生难忘的教诲。

抗战胜利后，何香凝于1946年离桂经粤返港，在广州逗留期间留影。

何香凝在广州逗留期间，一方面联络爱国民主人士从事反对内战的爱国民主运动；一方面帮助仲恺农工学校（何香凝1942年辞去校长职务后，学校改称广东省仲恺高级农业职业学校，以下简称“仲恺学校”）收复广州石涌口原校址。

原来，日本占领广州时，把仲恺学校变成日军兵营。而抗战胜利后，国民党当局又把学校变成日本战俘集中营。以致流落在罗定县松朗乡的仲恺学校师生迟迟不能迁回广州原校址办学。当时负责收复校址的校长陈颂硕和教师章泽柱找到何香凝求助。当她听到100多名仲恺学生仍流落异乡，便立即去找当时广州主政的张发奎，敦促他加快遣散日俘，张发奎应允，还派吉普车送何香凝及陈颂硕等到仲恺校园视察。当她看到自己曾苦心经营的学校遭到严重破坏，只留下5栋千疮百孔的建筑时，无限感慨地说：“让战争走开，和平建国早日到来！”

同年12月下旬，何香凝携孙儿孙女及保姆抵香港，先寓居坚尼道51号二楼，后迁同道25号定居。此居所成为她从事反内战、反独裁活动的主要场所。

蒋介石为了自己的独裁霸权得以延续，加快了部署内战的步伐，但受到各方面的压力尤其是中共领导的武装力量的抵抗，以致1946年年初出现了“谈谈打打”的局面。何香凝对此忧虑重重，尽一切力量和可能的方式呼吁和平。1946年1月4日，她在《华商报》发表《我的简单的希望》一文，寄希望于当时美国驻华大使马歇尔“帮助中国消灭内战，向民主、团结、进步的道路上走”。同时又说：“要看政府是否诚意向着这条路走，释放政治犯与否是一个试金石。像张学良和叶挺两将军，我的儿子廖承志以及成千成万的民主斗士，丧失自由好几年，都应该立即释放。”1月5日，她又为《华商报》写了旗帜鲜明的题词，“和平团结是中国唯一出路”。

在中共的努力和何香凝等民主力量推动下，1月10日，国共两党经过谈判发表了《关于停止国内冲突的命令和声明》（通称“停战协定”）。同时，从1月10日至31日，政治协商会议（称“旧政协”）在重庆召开。会议期间的1月23日，何香凝与彭泽民等从香港致电重庆政协会议，指出：“今日国人所最切望者，厥唯切实执行停战，巩固永久和平及团结各党派组成民主联合政府。”当政协通过了有利于人民民主的《政府组织案》、《国民大会案》、《和平建国案》、《军事问题案》和《宪法草案》五个决议并闭幕后，何香凝又发表文章：“希望全国人民和海外各界人士都起来监督政府执行政协的决议，以加速民主政治的实现。”

政协会议期间，廖承志经中共中央营救出狱。4月1日，他作为中共代表飞赴广州，和国民党广州行营主任张发奎谈判东江游击队北上的问题。何香凝闻讯十分欣喜，4月3日，迫不及待地携带孙子破例从香港乘飞机到广州。她在李章达家中见到长期深深惦念的儿子，悲喜交加，老泪纵横。而廖承志劫后重逢慈母并第一次见到年近4岁的儿子，也令他七尺男儿淌热泪。未满4岁的廖恺孙看到最疼爱他的老祖母和陌生的父亲都在流泪，也“哇”的一声哭起来。这次一家三代的会面，凝固着中国现代历史的印记，其场面是相当感人的，要是哪一位艺术家能把这令人动容的场面、廖家三代人的神态描绘出来，也许会成为见证历史的不朽之作。

廖家三代人和全国人民一样期盼和平建国。但是以蒋介石为首的国民党顽固派却肆意破坏“停战协定”，践踏政协决议案，频频调兵遣将，积极准备内战。尽管何香凝等爱国民主人士通过各种形式，奔走高呼“我们要和平民主、反对内战”、“大家起来平息内战”、“内战实在打不得”等口号，但还是无济于事。

在内战阴云密布的1946年6月23日，何香凝联络彭泽民等98位知名爱国民主人士联名分别致电蒋介石和毛泽东、美国总统杜鲁门及国内外报馆通讯社，三份急电都从不同角度迫切呼吁和平，反对内战。在给蒋介石和毛泽东的电文中指出：

时局险恶，祸起萧墙，国脉奄奄，民不堪命，今时局中心系于南京谈判，现谈判已逾两周，尚未获具体协议，休战展延八日，转瞬期望。虽和平希望未绝，但人心咸感焦灼。同人等一致认为如内战重演，必招致国破家亡之严重后果……目下国计民生濒于绝境，千万灾民死亡相继，何忍再事自相残杀，以绝生机。全国人民渴望和平，咸盼国共两党相忍为国，其他党派与社会贤达，竭力斡旋，共底谈判于成，以慰民望而固国本！临电迫切，不胜盼祷之至！

然而蒋介石一意孤行。6月26日，悍然命令郑州绥靖公署主任刘峙向中共中原军区发起大规模进攻。以此为起点，调动其正规军80%的兵力向中共华东、华北、东北等解放区发动全面进攻，挑起空前规模的内战。

何香凝强烈反对蒋介石倒行逆施，愤怒谴责国民党当局发动内战涂炭生灵的罪行。6月30日，她再和彭泽民等百余人联名分别给蒋介石、毛泽东和美国驻华特使马歇尔致三份急电。在给蒋介石的电文中，强烈要求“立颁永久停战之令，国内党争以政治协商方式解决”，切不可“萁豆相煎，贻国之羞”。可是蒋介石置之不理，凭着背后有美国佬的支持，有恃无恐，继续扩大战火。7月7日，毛泽东对何香凝、彭泽民等6月23日的来电复电说："诸先生呼吁和平，语重心长，至为感佩。"并表示："和平为全国绝大多数人民之希望，敝党决与全国绝大多数人民共同为争取和平实现而努力。"这份复电给何香凝极大鼓舞，她继续不遗余力、锲而不舍地投入反内战反独裁的民主运动。

1946年11月至12月，国民党政府在南京召开粉饰其一党专制的"国民大会"，通过一部伪宪法，以加强独裁统治。在这部伪"宪法"颁布之日的1947年元旦，何香凝联合彭泽民等九人发出通电，给宋庆龄、毛

1947年8月，何香凝为了团结更多的爱国人士进行反内战求民主斗争，提前举行70寿辰活动。图为香港妇女在祝寿时合影。（三排左六为何香凝）

泽东、张澜、李济深、马叙伦、陈嘉庚及全国同胞，予以揭露和反对。通电指出："此次国民大会，其召集既出非法，而代表中国第二大党之中国共产党与第三方面之民主同盟，又未参加，其所通过之宪法，根本已失合法之根据。"

同年4月18日，蒋介石伪装"民主"，网罗民社党、青年党两个小党点缀，在南京改组其"国民政府"。4月21日，何香凝即与李济深等16人联名发表对"改组政府"的严正声明，揭露国民党一党专制的实质。5月5日，何香凝又发表文章《纪念"五五"，反对独裁卖国》，谴责蒋介石之流是"三民主义叛徒"。5月中旬，她在答《华商报》记者问时，更是毫不留情地揭露蒋介石"主持的政府，贪污黑暗，丧权辱国"、"搜刮人民之所有为己有，并且以人民之所有献给外国；又奴役人民，迫人民于死亡"。

祝寿后，何香凝与家人合影。前排左起廖兼、何捷书、何香凝、廖梦醒、廖晖；后排李湄。

何香凝为反内战、反独裁竭尽全力。1947年6月17日，她又与李济深联名发表《至海外同胞同志书》，历数国民党独裁者八大罪状，给蒋介石之流以沉重的打击。

在何香凝等爱国民主力量和人民群众的冲击下，蒋介石在政治上越来越孤立，军事上也不断失利。从蒋介石挑起内

战到1947年6月底的一年里，被中共领导的中国人民解放军歼灭的国民党正规军67万人，非正规军34万人，国民党军队总兵力由内战初的430万人下降到370万人。而中共的总兵力则由127万人发展到195万人。形势的发展，使何香凝进一步认识到国民党蒋介石独裁的“霸业”已经开始崩溃，中国的前途将寄托在中国共产党人的身上。试看她当时写的一首诗：

忽听歌弹破国音，卅年回忆倚栏吟。
兴邦追念前人训，卖国求荣霸业崩。
丧了同盟诸烈士，凭谁博爱众苍生？
香江遥向中原望，力可回天尚有人。

在这首题为《感邻人歌声》一诗中，何香凝预言蒋介石“卖国求荣霸业”必然崩溃灭亡，而共产党人“有力回天”能建国兴邦。于是她不顾年老体弱，以更昂扬的斗志，高举反蒋大旗，投身到中国人民解放事业的洪流中。

三十一、参与缔造新中国

何香凝参与缔造新中国得从她积极筹备成立“民革”说起。“民革”是“中国国民党革命委员会”的简称，它是在国民党营垒内民主派和反动派进行你死我活的长期斗争中分化出来的。它的成立是一个重大的政治事件，标志着国民党民主派和国民党反动派公开决裂，而更加坚定地与中共站在一起。何香凝是国民党为数不多的元老，长期以来是国民党左派的光辉旗帜，威望很高。正是她，参与发起和平和指导“民革”创建的全过程。

早在抗战流亡广西期间，何香凝就和李济深、李章达、李任仁、陈邵光、陈此生等人密切来往，研讨时局和对策。他们一致认为，要改变国民党统治集团的错误政策，恢复孙中山革命的三民主义，除了党外力量，还要联合一切不满现状的国民党人，从内部进行斗争，于是便开始酝酿建立国民党民主派组织。她和李济深还派人同冯玉祥、龙云以及广西、湖南、广东等地的实力派联系，寻求支持。

抗战胜利后，中国面临着两种命运，两种前途的决战，何香凝等国民党爱国民主派在中国何去何从的问题上很明确，反内战、反独裁，走和平建国道路。她在离开贺县八步，经梧州回广州途中，尽管带着两个年幼的孙儿孙女奔波，仍不忘与沿途的爱国人士进一步商谈筹建民主派组织工作。

1946年4月，最初的一个民主派组织在广州市长寿路祝寿巷44号李章达住宅成立。这个组织初时拟名“中国民主促进会”，有意回避“国民党”三个字，后经何香凝力争，乃正式定名“中国国民党民主促进会”（简称“民促”，对外公开用“中国民主促进会”）。在其《成立宣言》中申明忠诚于孙中山革命的三民主义，以“民有、民治、民享”为最高准则，反对蒋介石内战和独裁，要求国民党根据孙中山“天下为公”的精神结束党治，建立联合政府。

“民促”的建立，是何香凝、李济深等长期联络国民党民主人士的阶段性成果，为进一步筹建“民革”奠定坚实的基础。

“民促”成立后，即在广州等地开展反内战争民主的活动，并出版《现代》月刊，不久，即遭国民党统治集团的破坏，并封闭月刊。为避开蒋介石之流的迫害，“民促”中央理事会迁往香港。当时已在香港的何香凝更积极地联络团结那些反对蒋介石、支持共产党的民主人士。她当时在坚尼地道25号的住宅，成为反蒋拥共的进步人士聚会谈话的场所。

1946年11月，伪国民大会召开后，蒋介石连续颁布了所谓“戡乱”动员令、撤销政治协商会议令、宣布民主党派非法令等独裁律令。国内形势更加恶化，民主人士进一步受到迫害和打击。李济深、朱学范等被开除了“党籍”，并遭到通缉，冯玉祥被排逐赴美“考察”水利。在这种形势下，国民党内部民主派迫切需要奋起自救。朱学范、李济深等一些民主党派领导人先后到了香港，与何香凝一道公开树起反蒋旗帜，同时开始具体着手国民党民主派联合起来组建“民革”的工作。他们在离何香凝住宅只相隔几十米的坚尼地道52号租了二楼一层房间作为筹备处，加紧筹备工作。

在讨论组织名称时，意见纷纭。柳亚子代表上海“民联”方面提出联合的新组织定名为“国民党民主派同盟”；而蔡廷锴建议取名“民主和平运动大同盟”；也有人提名为“中国民主党”等。何香凝则主张这个民主派联合组织应该命名为“中国国民党革命委员会”，保留“国民党”三个字。很多人则嫌“国民党”被蒋介石搞臭了，不易被人接受。何香凝说：“当前南京政府在战场上已经败北，国民党内部人心惶惶，不少人对各自的前途正在抉择，形势需要我们善于团结可以团结的力量，我们这个组织才会兴旺发达，才能在与共产党真诚合作中发挥分化敌人的作用。”她还进一步强调：“国民党是孙中山先生亲手缔造的，我们作为孙先生的信徒，成立革命组织必须保留孙先生的传统，才足以取信于民众，为利于广泛号召，就不能不保留国民党三个字。”

由于何香凝的主张得到朱蕴山、李济深等人的赞同和协助解释，最后大家一致同意正名为“中国国民党革命委员会”。

1947年10月，中共发表《中国人民解放军宣言》提出：联合工农兵学商各被压迫的阶级、各人民团体、各民主党派、各少数民族、各地华侨和其他爱国分子，组成民族统一战线，打倒蒋介石独裁政府，建立民主联合政府。在这一《宣言》的号召下，李济深等人加紧工作，于当年的最后两个月，连续举行三次筹备委员会会议，两次国民党民主派联合代表大会，两次主席团会议，两次秘书处会议，一次文件起草委员会会议。此外还有宣言纲领及告同胞书审查、组织法审查、提案审查等专门会议。以上的多次会议除某些小型会议外，何香凝都以高度的政治责任感和饱满的政治热情参加，而且逢会必发言，阐述自己的意见。她的发言均记录在案，在此从略不提。

1948年元旦，香港阳光普照，人们喜气洋洋。年届七旬的何香凝身穿旗袍，典雅庄重，走出家门，徒步来到坚尼地道52号二楼，出席中国国民党革命委员会成立大会。出席会议的代表共90人，绝大多数是何香凝熟悉的脸孔。她欣喜地和李济深、谭平山、柳亚子、蔡廷锴、陈此生、李章达等老战友逐一握手，相互问候和新年祝福。由于会前的筹备工作周密，又得到中共的关怀和宋庆龄的支持，成立大会顺利进行，正式通过了《中国国民党革命委员会成立宣言》、《中国国民党革命委员会行动纲领》、《中国国民党革命委员会组织总章》和《告本党同志书》4个文件。大会公推宋庆龄为名誉主席，李济深为主席。选举何香凝等43人为中央执行委员，以及候补执行委员18人，中央监察委员13人，候补监察委员5人。

在次日举行的第一次中央执行、监察委员全体会议上，选出李济深、何香凝、冯玉祥等16人为中央常务执行委员。从此，何香凝一直是“民革”的主要负责人之一。后来，她还当选民革中央副主席、主席。

在所发表的《成立宣言》和《行动纲领》中，郑重地宣布：“脱离蒋介石劫持下的反动中央，集中党内忠于（孙）总理，忠于革命之同志，为实现革命的三民主义而奋斗。”“当前之革命任务为推翻蒋介石卖国独裁政权，实现中国之独立、民主与和平”，表示“愿与全国各民主党派、民主人士携手前进，彻底铲除革命障碍，建设独立、民主、幸福之新中国”。

“民革”成立后，何香凝为缔造新中国做了卓有成效的工作。

第一，何香凝协同李济深派遣军事干部在广东、四川、云南建立部分地方武装，直接参加人民战争，配合解放军作战。此外，还广泛团结国民党内有识之民主人士，通过向国民党官兵发表文告等各种方式，号召起义，弃暗投明，对国民党军队进行策反工作。

第二，何香凝继续以著文、对记者发表谈话、联名通电等形式，揭露蒋介石的罪行，呼吁全国人民拥护支持共产党领导的解放战争。特别是中共中央发出《纪念“五一”口号》23条，提出“打到南京去，活捉伪总统蒋介石”之后，她同李济深、沈钧儒、章伯钧等12人分别代表“民革”、“民盟”、“民促”等民主党派和无党派人士发出《致全国同胞书》，表示拥护中共“五一”口号，并愿意接受中共领导。

第三，何香凝积极响应毛泽东提出适时召开新政协运动的号召，投身促进新政协运动。6月7日，在集中大家意见的基础上，领衔232人向全国妇女界发出号召，促进“迅速召开新政治协商会议”。她强调应该吸取“旧政协”的教训，全国妇女应加强团结，“配合一切民主力量，争取人民的全面胜利，粉碎反动集团的残余力量，来实现‘迅速召开新政协’的号召”。1948年8月，代表各民主党派和民主阶层的人士从全国各地、海外陆续到达解放区，协同中共筹备新政协事宜。

从1948年年底至次年初，人民解放军以摧枯拉朽之势胜利地结束了辽沈、淮海、平津三大战役，歼敌154万人。1949年1月1日，蒋介石被迫发表“求和”声明。1月14日，毛泽东直斥蒋介石求和声明的虚伪，义正词严提出“和谈”八项条件：一是严惩战争罪犯；二是废除伪宪法；三是废除伪总统；四是改编一切反动军队；五是没收官僚资本；六是改革土地制度；七是废除卖国条约；八是召开没有反动分子参加的新政协，成立民主联合政府，接收南京国民党政府及其所属各级政府的一切权力。毛泽东的强硬声明使蒋介石极为沮丧。1月21日，蒋介石发表“引退”声明，李宗仁接任“代总统”，国民党中执会于1月24日对全党发布指示，要求“无论总裁行止何在，全党同志均应竭诚尽力，接受领导”。显而易见，蒋介石以退为进，退居幕后进行垂死挣扎。在此期间，何香凝对一些国民党军政人员进行教育说服工作，使他们脱离蒋介石，站到人民一边来。

在平津战役中，国民党的高级将领傅作义在中国共产党统战政策感召下，于1949年1月22日率部起义，北平和平解放。1月31日解放军举行入城式，受到北平市民的夹道欢迎，何香凝闻讯更是欢欣鼓舞。3月24日至4月3日，中国妇女第一次全国代表大会在北平召开，大会宣布成立中华全国民主妇女联合会，长期致力妇女运动的革命先驱何香凝被推选为名誉主席，蔡畅为主席，邓颖超等为副主席。

4月中旬，何香凝在中共中央的关怀和邀请下，由廖梦醒陪同，携孙女廖蒹、孙子廖晖从香港乘轮船至天津，转乘火车到达北平。在北平火车站受到朱德、周恩来、邓颖超和众多黄埔军校毕业的将领、民主人士的热烈欢迎。当晚，毛泽东在中南海怀仁堂以高贵隆重的礼节宴请何香凝，周恩来、邓颖超等许多中共领导人都有参与，廖梦醒也在其中。

4月20日，中共代表团将《国内和平协定（最后修正案）》提交南京代表团，但在幕后的蒋介石操纵拒绝签字。国共和谈之门最后关上了。4月21日，毛泽东与朱德签发了《向全国进军的命令》。4月22日，何香凝即向《人民日报》记者发表谈话："全中国的人民和毛主席都想和平。反动派还想继续专政，他们这种行为是不会成功的。我们是一定胜利的，全国人民都一齐起来，帮助毛主席这个命令的实现。"

此后，中国人民解放军向全国胜利进军，4月22日，百万雄师突破长江防线。4月23日，国民党政府首都南京被解放。国民党军队兵败如山倒，向南方逃窜，最后滚到一群海岛上去了。

6月中下旬，何香凝出席新政协筹备委员第一次全体会议之后，积极投身筹备新政协的各项活动。9月21日至30日，中国人民政治协商会议第一次全体会议在北平（1949年9月27日，"北平"改为"北京"）举行，到会代表共计662人。何香凝作为"民革"代表之一，出席了这

1949年9月，中国人民政治协商会议第一届全体会议在北平召开。图为全体代表合影（截图）。前排右一为何香凝，右五为毛泽东。

次大会并入选大会主席团成员。大会上，她代表“民革”讲话，激动地说：“自辛亥革命以来这么多年，中间经过了多少曲折、失败、流血、牺牲，也经过了最无耻的卖国贼蒋介石为首的反动派叛变革命，屠杀青年，使中国革命受到最大的损失，但是现在蒋介石垮台了！人民政治协商会议开幕了！中国的自由平等、节制资本、耕者有其田、联合世界上以平等待我之民族，所有这些中国革命的目的，在毛主席的领导下得到实现，我们可以告慰在九泉下的孙先生了！”她讲到这里，脑海中立即浮现孙中山临终遗嘱的情景以及丈夫廖仲恺遇刺倒在血泊中的身影，禁不住热泪盈眶，悲喜交加，声音哽咽。她强忍着快要下滴的泪珠定一定神，继续说：“……毛主席的新民主主义比我们信仰的革命三民主义来得妥善些，要来得彻底些。我们信仰孙先生的革命三民主义的信徒，今天要做一个模范的新民主主义工作者。我们要全心全意地拥护中央人民政府，我们各民主党派的党员和负责人，尤其应该实行政府的法令、政令，勤俭节约，临事不惧，实事求是，这才能对得起全国人民，对得起无数死难的烈士。”

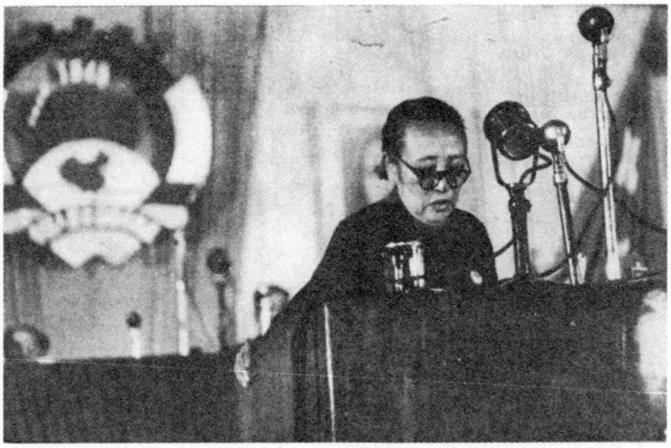

何香凝作为“民革”代表，在中国人民政治协商会议第一届全体会议上讲话。

出席中国人民政治协商会议第一届全体会议的部分女代表合影。前排左起何香凝、宋庆龄、邓颖超、史良；中排左起罗叔章、蔡畅、丁玲；后排左起李德全、许广平、张晓梅、曾宪植。

在这次政协会议上，何香凝参加了《中国人民政治协商会议共同纲领》和《中华人民共和国中央人民政府组织法》的讨论与审定，并在会上当选为全国政协委员和中央人民政府委员。

1949年10月1日，在中央人民政府委员会第一次会议上，主席毛泽东、副主席朱德、刘少奇、宋庆龄、李济深、张澜、高岗，以及周恩来、陈毅、何香凝等56位政府委员宣布就职，中央人民政府正式成立。

当天下午三时，秋高气爽，晴空万里，在北京天安门广场隆重举行庆祝中华人民共和国中央人民政府成立典礼，有30万军民参加。何香凝和其他国家领导人一齐登上雄伟庄严的天安门城楼，无比欢愉地参加开国大典。当礼炮齐鸣，国歌高奏，第一面五星红旗冉冉升起并迎风飘扬的时候，何香凝不禁心潮澎湃，感慨万端，几十年的苦斗，终于开出胜利之花，她感到欣慰和自豪，“老骥伏枥，壮心不已”的她还在思索着如何为建设社会主义新中国出力……

《开国大典》（油画）（董希文作于1953年，中国国家博物馆展品）

三十二、奋斗不息谱新篇

新中国成立后，何香凝成为国家领导人之一，担任过许多重要职务。1949年10月19日，她被任命为华侨事务委员会主任委员；1953年4月15日，当选为中华全国妇女联合会名誉主席；1954年12月25日，被推选为政协全国委员会副主席；1959年4月18日，当选为全国人大常务委员会副委员长，同年10月12日，任民革中央代理主席；1960年8月13日，当选为中国美术家协会主席，同月15日当选为民革中央主席。在众多的政事国事领域中，她辛勤工作，奋斗不息，继续演绎她的传奇人生。

（一）坚决维护中国共产党领导，走社会主义道路

何香凝亲身经历过清朝、中华民国、中华人民共和国三个朝代，经历过不同的政治制度。她以革命者的切身经历总结了经验教训，深切地感受到只有中国共产党领导，走社会主义道路，才能建设繁荣富强的新中国，所以她利用参加各种会议的机会，或者著文演说，乃至个别谈话，都反复强调要拥护中国共产党的领导，坚定地走社会主义道路。她常常说："孙中山先生的理想是伟大的，但是毛主席和中国共产党所实现的已远远超过了孙先生的理想。"她认为，因为有了毛主席和中国共产党的领导，中国人民才能推翻国民党反动派专横残暴的统治，建立起人民自己的政权，才能结束帝国主义百年来侵略中国的统治，使中国成为独立自主的国家。

何香凝尤以自己的言行做出表率，带领广大的“民革”党员和影响其他民主党派及爱国民主人士，接受中国共产党的领导，为社会主义革命和建设事业，为实现祖国统一大业做出贡献。

何香凝维护中国共产党领导，不是一时激情号召，而是既有实践体会又有思想理论的。1951年2月，当有人怀疑共产党新民主主义思想领导中国革命的正确性时，她在一次“民革”会议上的讲话指出：“检验理论的最好标准莫过于实践。近百年来，许多欧美资产阶级的改良主义政治路线曾被提到中国的实际政治中，结果都失败了。只有毛主席的新民主主义，经得住中国长期革命的严峻考验。它经过了十年土地革命、八年抗日战争和三年解放战争的考验，在这些考验中，都充分证明了它是最正确的，尤其是在中央人民政府成立后，这短短一年多的时间内，许多事实证明只有新民主主义才是最适宜指导中国现阶段人民革命的伟大思想。”

1957年夏天，有人趁共产党整风运动污蔑共产党“百之九十五以上是官僚、宗派，无恶不作”，公开提出要“推翻”共产党，“要杀共产党人”。其时，何香凝患病数月，医生劝她不要多开会，但她带病写信给中共中央统战部，作为民主人士座谈会上的书面发言。她在信中说：“我完全拥护中国共产党整风。因为只有中国共产党才能领导中国进入社会主义……第一，我们领导党的党员要在整风中下决心，接纳各方的正确意见，来改进工作……第二，我也希望各民主党派的朋友们要诚诚恳恳帮助领导党。如果或有人想入非非，那就和长期共存，互相监督的原意背道而驰了。”

1958年3月3日，在“民革”中央整风动员大会上，何香凝和李济深、柳亚子等34人联名提出五项奋斗目标，其中第一项就是“忠诚接受中国共产党的领导，把心交给党，坚决走社会主义道路”。还提出在三年内，“使民革组织基本上转变为社会主义性质的政党”。

1959年10月9日，“民革”中央主席李济深病逝后，“民革”中央决定何香凝代理中央主席职务。1960年8月15日在“民革”四届二中全会上，何香凝正式被选为“民革”中央主席。当天，她在《加强改造跟上形势》的讲话中，再一次强调，“千条万条，共产党的领导第一条。我们民革同志一定要听毛主席的话，跟着共产党走，走社会主义道路”。

1961年10月9日，在纪念辛亥革命五十周年大会上，何香凝代表各民主党派、无党派民主人士和中华全国工商联讲话。她说：“辛亥革命的历史经验有力地证明，在帝国主义时代，除了无产阶级，任何别的阶级都不可能领导任何真正的革命达到胜利……今天回顾中国革命从失败走向胜利的历史，回顾自己所走过迂回曲折的道路，更加深刻地体会到，只有跟着共产党走，走社会主义道路，国家才会有前途，个人才会有出路。”

1966年11月12日，88岁高龄的何香凝在纪念孙中山先生诞辰一百周年纪念大会上讲话，也是她人生最后一次在大会上的讲话。她说：“孙中山是中国近代百年史中，第一个提出‘革命’的人。”“中国人民在中国共产党和毛主席的领导下，不但彻底完成了孙先生没有完成的民主革命，并且紧接着进行社会主义革命。”“我号召所有追随过孙中山先生的战友们，不要自绥，不要倚老卖老，不要一屁股坐在老资格的包袱上而止步不前。我们要决心跟着毛主席跟到底，继续改造自己，继续努力前进。”

何香凝在新中国成立后，直到她耄耋之年仍然如此倾注全部心血，模范地维护中国共产党的领导，走社会主义道路，是她漫长的革命生涯中又一辉煌贡献。

（二）呕心沥血，开创新中国侨务工作

新中国成立之初，与华侨有广泛联系的何香凝被中央人民政府任命为华侨事务委员会主任委员。在此后近10年的时间里，她代表中央人民政府主持侨务工作，积极参与国家侨务工作大政方针的制订，贯彻执行党的侨务工作，切实保护华侨、归侨和侨眷的合法权益，被人们誉为“华侨慈母”。

新中国成立之初，何香凝被任命为华侨事务委员会主任委员。图为1951年华侨学生向何香凝献旗。

何香凝从1950年1月1日起，利用元旦、春节、三八节、国庆节等良机，通过中央人民广播电台对散布世界各地的1300多万华侨发出节日贺词、献辞进行慰问，肯定华侨热爱祖国、支持革命、支持社会主义建设事业的可贵精神。她还在各种场合发表大量有关华侨的谈话、演说、

文章、诗词等，多次赞扬华侨在中国历史上的功绩。她说：“早在辛亥革命时代，华侨出钱出力帮助革命，孙中山称华侨是‘革命之母’。到八年抗战期间，侨胞不断输将，尽了很大的努力，坚持了抗战。在这次人民解放战争中，许多青年侨胞，尤其是从南洋各地回国的青年，积极参加了战争，参加了土地改革和其他种种革命斗争。在国外也有许多侨胞，能站稳岗位，坚持人民民主立场，与反动派作不屈不挠的斗争。这些都是华侨对祖国的光荣贡献。”这些广播词使海外游子感到温暖，对唤起参加新中国的社会主义建设，起到重要作用。

何香凝还十分关心海外华侨的遭遇，全力保护海外华侨的利益，支持反对帝国主义、种族主义迫害的斗争。新中国成立后的十年间，在马来西亚、印度尼西亚、菲律宾、越南、澳大利亚、南非等国的殖民主义当局掀起排华、反华浪潮，所在国很多华侨遭受逮捕、拘禁、殴打、掠夺财产等种种迫害。何香凝一方面汇集情况向中央人民政府反映，通过外交途径进行抗议交涉；另一方面，利用各种机会向全世界爱好和平、正义的人民揭露上述各国当局在帝国主义支持下迫害华侨的罪行。她严正声明：“所有这些迫害华侨的暴行都是不可容忍的。”“我们的国家和全国人民，必然为维护我们侨胞的正当权益，作有力的后盾！”

何香凝千方百计地妥善安排被排华回国的难侨，以及主动回国参加社会主义建设的归国华侨。先后在汕头、厦门、广州、海口、昆明等地设立华侨接待站。从1952年起，她倡议中央人民政府拨出巨款，在广东（含海南岛）、福建、云南等地创办几十个华侨农场，到1956年上半年，妥善安排归侨、难侨20多万人。这些华侨农场不但使归侨、难侨有安家之地，还引种橡胶、胡椒、咖啡等近百种热带和亚热带经济作物，对国家经济建设做出了贡献。

何香凝还和侨委其他领导人作大量调查研究，提请中共中央、政务院制定一系列适合当时国情，优待归侨、侨眷的政策法令。其中，《土地改革中对华侨土地财产的处理办法》、《关于贯彻保护侨汇政策的法令》、《华侨申请使用国有的荒山荒地条例》等颁布，使将近1500万无地少地的归侨和侨眷，都在土地改革中分得了土地、房屋、耕牛；侨汇逐年上升，开发荒地热情高涨。此外在广东、福建等地办了一批华侨补习学校或中、高等侨校，对归侨、侨眷出入境、入学、入党、入团、参军等问题做到“一视同仁，适当照顾”。

中央侨委宴请华侨回国观光团，何香凝在宴会上致词。右一为陈毅，右二为廖承志。

何香凝还根据祖国社会主义建设需要，提请国家制定切实可行的华侨（含港澳同胞）投资政策，热情欢迎华侨和港澳同胞回国投资办实业。从1951年1月以后，先后在北京、广东、福建等地成立华侨投资公司，到1956年，广东、福建华侨投资的工厂、企业就有44个，北京还建成了全国第一间华侨酒店。

何香凝在主持侨委工作期间，与华侨、归侨、侨眷乃至港澳同胞广泛联系，建立深厚情谊，推动侨务工作。她平均每年处理1600多件来自国内外华侨和侨眷的信件，做到“案案有着落，件件有交待”。1956年10月，她推动成立以著名侨领陈嘉庚为主任委员的“中华全国归国华侨联合会”（简称“侨联”），后全国各地成立“侨联”基层组织，“侨联”成了“华侨之家”。她举家与澳门著名爱国人士马万祺密切来往，共同推进利国利侨大事，两家成为“莫逆之交”。

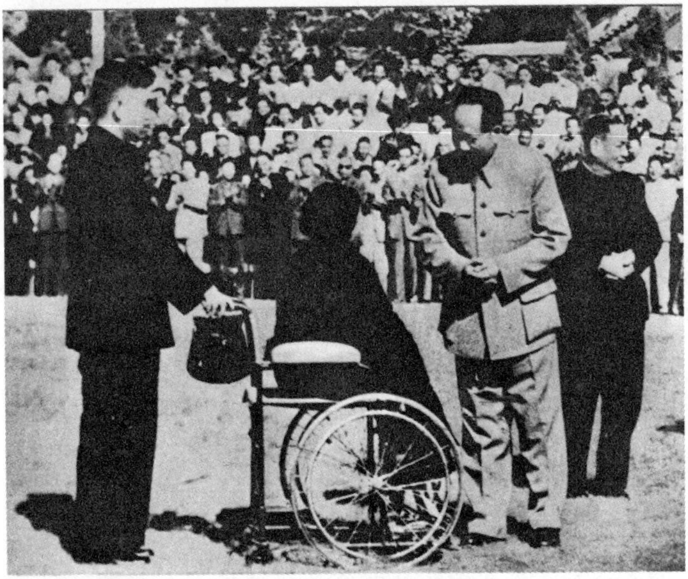

1956年10月14日，党和国家领导人接见回国观光华侨时，毛泽东同何香凝亲切交谈。

1959年4月，何香凝不再任中侨委主任，由她的儿子廖承志接任，子承母志，继续做好侨务工作。1983年6月，廖承志病逝后，何香凝的嫡孙廖晖续任国务院侨办主任。其一家三代人前赴后继致力于新中国侨务事业，被传为当代政治佳话。

（三）老骥伏枥，致力祖国统一大业

新中国成立后，蒋介石国民党残余势力盘踞台湾，并勾结美帝国主义，在妄图反攻大陆的幻想破灭后，又妄图分裂中国。在这种情势下，何香凝继续高举反帝反蒋大旗，为台湾回归祖国的统一大业，进行不懈的斗争。

1950年6月25日，朝鲜战争爆发。6月27日，美国派出空军、海军干涉朝鲜内政，并命令第七舰队驶向台湾海峡，阻止中国人民解放台湾。6月28日和7月7日，周恩来代表我国政府分别向美国和联合国安理会发表声明，强烈谴责美帝罪行。7月7日，何香凝向全世界华侨发表题为《保卫世界和平，反对美帝国主义新侵略》的广播，号召海外华侨：“团结起来，反对侵略，拥护和平，并要努力宣传亲友参加保卫世界和平运动，为解放台湾、祖国统一奋斗！”

在我国抗美援朝期间，何香凝于12月11日给志愿军送上慰劳品、慰问信，激励将士“努力杀敌”。她还通过侨委组织各地归侨、侨眷以实际行动，搞好生产，捐献飞机大炮，支持抗美援朝。

抗美援朝胜利后，何香凝继续利用一切机会揭露美帝侵略台湾、分裂中国的阴谋。1960年，她多次在首都各界人民反帝大会上讲话或在《人民日报》发表文章，强烈谴责美帝国主义的侵略行径。她在《粉碎美帝国主义的阴谋，实现祖国统一》的文章中指出：美帝国主义“要把台湾从中国分裂出去，完全沦为美国的殖民地。这是每一个有爱国心的中国人所绝对不能容许的”。她强调台湾是我国神圣不可侵犯的领土，“我们希望台湾的国民党军政人员能够遵循孙中山先生的遗教，同祖国人民和台、澎、金、马广大爱国军民一道，反对它制造‘两个中国’的阴谋。任何人只要站在爱国反美的立场，都会受到祖国人民的欢迎，就能得到强大祖国的支持；如果为虎作伥，怙恶不悛，就是自掘坟墓，自取灭亡。”

1962年2月1日，何香凝在首都举行的郑成功收复台湾300周年纪念大会上发表讲话，响亮地提出：“一定要把美帝赶出台湾！”她说：“郑成功收复台湾的事实表明，包括台湾同胞在内的中国人民是不可

征服的。不管侵略者暂时多猖狂，玩弄任何阴谋诡计，它终究要从我国领土上滚出去的。”她揭露肯尼迪政府上台后，加紧策划所谓“两个中国”、台湾“独立国”、“台湾中立化”、“托管台湾”等阴谋。严正指出：“美帝国主义这些阴谋是永远不会得逞的。台湾是中国不可分割的领土，台湾人民是祖国大家庭中的一部分成员，任何国家和任何力量，都不能把台湾和台湾人民从祖国大家庭中分裂出去，都不能阻挡中国人民解放自己领土——台湾的坚强意志。”

何香凝在揭露外国势力妄图分裂中国的阴谋的同时，还经常以各种形式呼吁在台湾的国民党军、政人员以民族大义为重，摒弃前嫌，化敌为友，言归于好，站到人民一边。1958年11月，她为沟通与台湾故旧统一祖国的感情，在《人民日报》发表《遥念台湾》的诗：

“青山能助亦能界”，二十余年忆此诗。
岁寒松柏河山柱，零落台湾知不知？

锦绣河山无限好，碧云寺畔乐同游。
驱除美寇同仇忾，何事哀伤叹白头？

遥望台湾感慨忱，追忆往事念同游。
数十年来如一日，国运繁荣渡白头。

1965年7月20日，前国民党政府代总统李宗仁和夫人从海外归来，到达北京。李宗仁在机场宣读声明，希望台湾的国民党人凛于民族大义，毅然回到祖国怀抱，团结抗美，一致对外，为完成祖国最后的统一做出有用的贡献。同年9月，对致力祖国统一大业的何香凝，心怀景仰的李宗仁伉俪登门拜见，并进行愉快的交谈。何香凝充分肯定李宗仁毅然回国的壮举。随后，她在《光明日报》发表纪念孙中山的文章中，号召海外和台湾的国民党军政人员要像李宗仁那样，“作出明智的选择”，“和我们共同合作”。

何香凝爱国情深，在晚年仍然如此致力于祖国统一大业，实在难能可贵，令人敬佩。

（四）廉洁奉公，留给后人的是精神财富

何香凝在各个领导岗位上，拥有实职实权，但她从不以权谋私，一贯廉洁奉公，留给后人的不是物业财产，而是一笔巨大的精神财富。

她的丈夫廖仲恺早在1922年写的《诀醒女、承儿》一诗中，有这样的名句：“人生最重是精神，精神日新德日新。”她身体力行，给后人对立了光辉典范。仲恺农工学校原是私办，有的校舍完全是她卖画筹款建立的，本来她可以拥有一定产权，但她完全放弃了。广州东山百子路10号“双清楼”，是何香凝1923年用她分得的父亲遗产自建的。但在抗日救亡时期，她让出来用作“八路军办事处”；新中国成立初期，她又放弃办理产权登记，交给人民政府了；她的故乡祖屋，只有遗址，也让村民使用了；她丈夫廖仲恺在惠州故乡的祖屋也湮没了。这对革命夫妻奋斗终生为中国人民谋福利，却没有一点点物业留给家中的后人。她的美术作品价值连城，也由孙子们按她的遗愿贡献给中国人民了！

何香凝身为高官，从不徇私情，给亲属额外的照顾。她的内侄何品枢曾与廖承志、廖梦醒一起出国留学，懂6国语言。新中国成立初期在银行供职，后来不干了。1956年这位嫡侄找到亲姑姑何香凝，要求她写条子，想找一份更好的工作。何香凝说：“你懂6国语言，又有专业知识。可以自己到政府部门登记找工作嘛。还要写什么条子！”何品枢为此事不睬姑姑两年。何香凝也不理会，一直对何品枢一家很好。何品枢的儿子何卓云与周洁霞结婚时，何香凝还送来贺礼，其中包括一幅亲笔签名的自己作品印刷画。何卓云的女儿何穗（即何香凝侄曾孙）忆及这段先人家事时说：何香凝留给后人的是用不完的精神财富。

身为国家领导人何香凝，从来没有“官架子”，而是一位重情义、讲正气而又平易近人的老太太。每次南来广州，她都约见在广州的亲属，拉家常，叙旧事。她去侄女廖承麓家，忆述当年在日本掩护廖仲恺与越飞会谈的往事，有说有笑。1962年春，何香凝来广州，住广东迎宾馆，约见另一位侄女廖承怡和在公安局工作的侄婿梁木到宾馆吃腊肠。时值台湾叫嚣反攻大陆。她对蒋介石派遣的特务非常憎恨，便对侄婿说：“你是公安局的，捉了多少特务？”梁木说：“有就捉。一个不剩！”何说：“这就好！”何香凝对接待她的工作人员，为她看病检查的医生护士，为她开车的司机，为她冲茶倒水的服务员，总是客气致谢，用广东话说声“唔该”！原广东省人民医院医生丘国华，被派去从化宾馆为何香凝作保健常规检查。何香凝亲自给这位年轻医生冲一杯咖啡，丘医生非常感动。50年后丘医生忆及这段往事时说：“伟大的女性，平易近人、和蔼可亲的老太太！”

三十三、鞠躬尽瘁永流芳

尽管何香凝晚年生活受到党和国家的优厚照顾，但她仍然坚持勤俭节约，艰苦朴素，从不大吃大喝。平时她喜欢吃青菜、腐乳，早餐常常是广东人习惯吃的油条、白粥。

何香凝晚年经常泼墨作画，笔耕不辍。她说："我生平作画，现在是最愉快的时刻呀！"她表示"在做好国家交给我的本职工作"的同时，对党和国家领导人"我必定要每人赠送一张画，这也是我的一点心意"。她晚年作的画老而弥坚，仙风道骨，意蕴深远。1961年6月，她精心绘就《高松图》，以庆贺中国共产党成立40周年，获得很高的评价。

在庆祝中国共产党成立40周年大会上，何香凝亲临大会献词祝贺，并同毛泽东等中共领导人握手。左起刘少奇、毛泽东、周恩来、朱德、邓小平。

有很多画，她请党和国家领导人为之品题或加诗，使之增辉添彩。其中，陈毅为其《高松图》题诗曰：

高松立海隅，梅菊为之护。
幽兰亦间出，清泉石中漱。
绿竹更悠久，岁寒挺如故。
画树重高洁，画花喜独步。
大师摄其神，一纸皆留住。
绘画如其人，方向毫不误。
画高寿亦高，但祝两繁富。

陈毅既高度评价何香凝的画，又赞扬了何香凝铁骨梅魂、高风亮节的品质。

在史无前例的“文化大革命”浩劫中，周恩来为避免著名的民主人士受到冲击，上报了包括何香凝在内要特殊保护的13位民主人士名单，毛泽东批准。这样何香凝等13名“国宝”才没有受到冲击，但她与宋庆龄的来往受到限制。

历史已经证明，这场“文化大革命”是错误的。虽然，何香凝对这场浩劫的态度，没有直接的记载，但从下面的事实，也可见一斑。

1966年秋，仲恺农工学校第二批赴京串连的学生求见何香凝，她坐着轮椅出来，与学生们照个相。一向对青年学生关爱有加，喜欢发言的她，却一句话也没说。（见《仲恺学校简史》）

1969年，马万祺和夫人到北京探望何香凝。初显老态但头脑清醒的她喃喃地说：“……这个‘大革命’……何时才……才过去？”马夫人劝慰她：“很快就会结束了。”她说：“啊，那……当然好啦！”（见《马万祺传》）

1970年5月，何香凝因肺炎入院治疗。儿子廖承志仍被关押在西皇城根原民政部大院平房，可苦了儿媳经普椿，白天被造反派强令去劳动，晚上回家后赶紧赴医院陪护何香凝。周恩来、宋庆龄等闻讯多次到医院探望，并指示医院尽力抢救，何香凝才转危为安。

1972年年初，何香凝因肺炎复发再度入院。6月27日，她在医院度过94岁生日。陈此生、罗叔章等到医院祝寿。此后，她的病情日趋严重。8月底，何香凝病危，廖承志才被批准去看望母亲。

当廖承志匆匆赶到医院时，周恩来已经比他先到。他们一起来到何香凝病床前，何香凝那昏睡的双眼竟刹然睁开了，望着多年不见的儿子，眼角湿润了；望着变得苍老有点疲惫的周恩来，连声唤："周公！周公！"

周恩来俯身对何香凝说："我代表党中央和毛主席来看望您老！老人家有什么要求，请告诉我。"

何香凝听懂了，不住地点头，拼着力气一字一喘地说："我……不要火……火葬，要去……去南京！"

周恩来握着她的手，俯贴她耳边说："您放心吧，我代表党中央和毛主席答应您的请求！"

何香凝目不转睛地望着周恩来，点着头，又鼓起最后的生命之力，指指站在床尾的廖承志，又指指周恩来，嘴唇抖动了几下，但不能出声了。周恩来听懂了何香凝的无声语言，立即大声回答道："承志是好同志，他是没有问题的，您放心吧！"

此言一出，何香凝好像松了一口气，慢慢地闭上眼睛。而廖承志、经普椿夫妇泪流满面，悲痛万分。

1972年9月1日凌晨3时，一代女杰何香凝在北京病逝，享年94岁。

1972年9月1日，何香凝在北京病逝，终年94岁。根据她生前的愿望，她的灵柩被移到南京与廖仲恺合墓。

9月3日，何香凝遗体入殓，停灵柩于中山公园中山堂，首都很多群众前往祭拜。

9月5日，首都各界为何香凝副委员长在人民大会堂举行隆重的追悼大会。中共中央、全国人大、国务院、全国政协以及毛泽东、周恩来、朱德、宋庆龄等领导人送了花圈。天安门广场、新华门、外交部等处下半旗致哀。追悼会由全国人大常务委员会委员长朱德主持，国家副主席宋庆龄致悼词。周恩来、董必武、陈云、叶剑英、郭沫若、邓颖超等党和国家领导人及各界代表500多人，以及廖仲恺何香凝家属廖承志、廖梦醒、经普椿、廖蒹、廖晖、李湄等出席了追悼会。

宋庆龄在悼词中追忆了何香凝一生坎坷、非凡的经历后，赞扬"何香凝女士是孙中山先生的革命战友，是廖仲恺先生的革命伴侣，是中国共产党的亲密朋友，是国民党革命派的杰出代表。她热爱祖国，热爱社会主义制度，热爱中国共产党，热爱伟大领袖毛主席。何香凝女士的一生是革命的一生、战斗的一生"。

追悼会后，何香凝的灵柩由邓颖超、刘诗友、谢扶民、李金德、刘裴、朱蕴山、陈此生、甘祠森等人及廖承志、廖梦醒、经普椿等家属护送，乘专列于9月6日上午抵达南京，南京军区司令员许世友等人到火车站迎接。当天下午，在廖仲恺墓地举行了庄严肃穆的安葬仪式，与廖仲恺合墓，成全了她在中山陵侧与丈夫“生则同衾，死则同穴”的生前夙愿。廖承志亲笔题写了“廖仲恺何香凝之墓”的碑文。

何香凝为革命鞠躬尽瘁，死而后已。她的革命事迹和伟大精神流芳百世。在她逝世十周年之际的1982年，中共中央书记处决定在广州建立廖仲恺何香凝纪念馆。馆址选择何香凝领衔创办的仲恺农工学校办事处旧址，馆名由中共中央副主席叶剑英题匾。8月30日，中共中央政治局委员、国务院副总理王震为纪念馆揭幕。该馆以600多件文物、照片、史料，展示廖仲恺何香凝爱国、革命、不断进步的一生，成为爱国主义

1982年，在何香凝逝世十周年之际，中共中央书记处决定建立廖仲恺何香凝纪念馆。图为纪念馆外景。（郭文星摄于1983年）

教育基地、高校统战教育基地和民革党史教育基地，参观者络绎不绝，何香凝及其丈夫的事迹、思想、品德得到进一步的传播。

1988年6月27日，在何香凝诞辰110周年之际，广东省各界在仲恺农业技术学院隆重集会纪念并敬立何香凝汉白玉像。这尊晶莹洁白的汉白玉全身坐像由我国著名写实派雕塑家曹崇恩创作，它重现了何香凝外柔内刚的革命家风采。国家主席杨尚昆题写“伟大革命者何香凝先生像”。澳门著名人士马万祺在揭幕仪式上讲话。他说：“何香凝先生从1903年开始，追随孙中山先生，投身反清斗争，积极参加辛亥革命，反对南北军阀的斗争，国民革命，第一次和第二次国共合作，抗日战争和解放战争，直到新中国成立后，参加社会主义革命和建设。她在不同的历史时期，都有重大贡献，功垂史册。何香凝先生为中国革命事业奋斗终生的献身精神，以及威武不屈、富贵不淫、贫贱不移、廉洁奉公的高尚品德，可歌可泣，永世流芳，永远值得我们崇敬和学习。”

1992年9月1日，在何香凝逝世20周年之际，何香凝故乡的村民委员会把村办小学易名为何香凝纪念学校，叶选平题写校名，聘霍英东、马万祺、关山月为名誉校长。校内设何香凝先生纪念室、纪念像和“香凝艺苑”书画院。关山月、黎雄才、杨善深、胡一川、赖少其、杨之光、刘开渠、古元、李桦、萧淑芳、罗工柳、欧豪年、陈金章、许钦松、林丰俗、方楚雄、刘济荣等一大批景仰何香凝的著名书画艺术家们纷纷向“香凝艺苑”献墨宝。他们以松、梅、竹、菊、牡丹、红棉等绘画和“铁骨梅魂”、“疾风知劲草”、“一枝红艳冠群芳”等诗句赞美何香凝的高尚品德，弘扬其伟大精神。

1997年4月18日，经中共中央和国务院批准，在深圳华侨城建成“何香凝美术馆”。这是我国第一个以个人名字命名的国家级美术馆，

1992年，在何香凝逝世20周年之际，何香凝故乡建立何香凝纪念学校。（张璧 摄）

国家主席江泽民题写馆名，国家政要钱其琛、谢非、费孝通、马万祺、何鲁丽、廖晖等出席了开馆仪式。该馆珍藏何香凝美术精品108幅，诗、书、画手稿上千件，开馆后，除在馆内展出外，还多次挑选何香凝美术精品到国内大城市和港澳台地区巡回展出，让更多的人民群众欣赏到何香凝“充满着战斗激情，洋溢着浩然正气”的美术作品，及其“画如其人”的情操美德。

2002年春天，百花盛开。把何香凝视为“惠州好媳妇”的廖仲恺故乡人民，在惠州仲恺中学建成“廖仲恺何香凝纪念室”，后又建成“双清亭”。全国政协副主席马万祺、民革中央主席何鲁丽分别为纪念室和双清亭题匾。何香凝的光辉事迹和伟大思想，在其丈夫的故乡广为传播。当地的学者、文化人还成立了“惠州市廖仲恺何香凝研究会”，开展各项研究活动，让何香凝和她丈夫一样流芳百世。

1997年，在何香凝逝世25周年之际，经中共中央和国务院批准，在深圳华侨城建成何香凝美术馆。（吴秀峰 摄）

2012年7月，民革中央在广州举行何香凝生平事迹研究会，来自全国20多个省、市、自治区的学者和民革党员代表50多人，满怀着对何香凝景仰之情，对她的生平事迹和思想进行认真探讨，发表论文50多篇。在此之前，有关方面还举行过两次廖仲恺何香凝国际学术研讨会。对何香凝的研究越来越广泛、深入，成果丰硕。近30年来，出版她的传记十多种，有关论文数百篇。史学界一致认为，何香凝是20世纪的伟大女性，感动中国的女中豪杰。

何香凝英名百世流芳，她的光辉形象永远活在中国人民心中……

参考文献

1. 尚明轩、余炎光主编，《双清文集》上下卷，人民出版社，1985年6月第1版。
2. 尚明轩著，《何香凝传》，人民文学出版社，2012年5月第1版。
3. 暨南大学历史系等编，《纪念廖仲恺何香凝》，文物出版社，1987年4月第1版。
4. 余德富、刘信荣编著，《仲恺学校简史》，广东高等教育出版社，1997年3月第1版。
5. 广州市文化传播事务所主编，《20世纪中国全纪录》，北岳文艺出版社，1994年9月第1版。
6. 蒙光励著，《廖家两代人》（修订版），暨南大学出版社，2007年2月第1版。
7. 余德富著，《双清传略》，广东人民出版社，1998年5月第1版。
8. 李湄著，《梦醒——回忆我的母亲廖梦醒》，中国工人出版社，2004年2月第1版。
9. 余德富、方文良著，《廖仲恺故事》，广东人民出版社，2012年8月第1版。
10. 尚明轩、李志奇著，《历史大相册——何香凝》，中共党史出版社，2007年2月第1版。
11. 布赖恩著，克罗译，《蒋介石传》，上海文艺出版社，2000年10月第1版。
12. 朱汉国、宋亚文等著，《一本书读懂民国》，中华书局，2011年7月第1版。

附 录

《何香凝故事》选题写作协助单位

中国国民党革命委员会广东省委员会

中共广州市荔湾区委宣传部

广州市荔湾区中南街办事处

广州市何香凝纪念学校

中共仲恺农业工程学院委员会宣传部

仲恺农业工程学院文化产业规划与研发中心

仲恺农业工程学院关心下一代工作委员会

惠州市廖仲恺何香凝研究会

民革广东省惠州市委员会

惠州市仲恺高新区助学助教公益协会

惠州市汉文化促进会

广州上善教育咨询服务有限公司

跋　一

我景仰何香凝先生。她是中国国民党革命委员会（简称“民革”）重要创始人之一，曾任民革中央主席。在长期的革命生涯中，她坚持与中国共产党人亲密合作，同心共事。中华人民共和国成立之后，更是诚心实意拥护中国共产党的领导，为广大民革党员作出模范的表率。我敬佩何香凝先生远见卓识的政治眼光，大度勤勉的道德风范，受她的影响很深，愿意不断努力向她学习。

十九年前，我与本书作者之一余德富同志同在一个民革支部。他当时是支部主委，我是新党员，多次到他工作单位瞻仰中共中央书记处决定建立的廖仲恺何香凝纪念馆，还读过他的专著《双清传略——廖仲恺何香凝爱国革命的一生》、《情系双清——景仰廖仲恺何香凝的人和事》，对廖何“双清”的革命功业、伟大思想和高尚品德，有较具体的了解。廖仲恺先生是首次国共合作的第一功臣；何香凝先生为实现第二次国共合作，团结抗战而殚精竭虑，奔走呼号。这对革命夫妻为谋求民族解放、国家独立、人民幸福而鞠躬尽瘁、死而后已的献身精神，及其“富贵不淫、贫贱不移、威武不屈”的高尚品格，永远值得我们崇敬和学习。

去年7月，廖仲恺何香凝纪念馆被民革中央列为民革党史教育基地，民革中央副主席修福金同志亲临现场参加挂牌仪式。我们民革党员余德富同志继去年与方文良先生合作《廖仲恺故事》后，今年又合作写出《何香凝故事》。这两本书的相继出版，无疑会对民革党史教育起到积极的推动作用。

《何香凝故事》内容丰富多彩，文字流畅，照片珍贵，是一本值得阅读和珍藏的好书。我对何香凝先生无限景仰和怀念。值《何香凝故事》出版之际，聊表心声，是为跋。

李 希

2013年8月

（李希，民革中央委员、民革广东省委员会副主委、广东省政协常委、广东省青联副主席）

跋　二

今年是何香凝先生诞辰135周年，故乡人民特别怀念她。3月，广州市妇联、广州市精神文明办、广州日报等单位组织100万广州市民投票，评选出何香凝为“感动广州60年最美女性”十大人物之首；6月份，何香凝故乡棉村所在地荔湾区中南街举行了有各界代表参加的座谈会、“香凝杯”学生现场书画大赛、青少年文化节等系列纪念活动。如今，《何香凝故事》又正式出版发行，作为有幸在何香凝故乡工作的一份子，我们倍感高兴。

我们认为，何香凝先生不仅是“感动广州60年最美女性”，也是中国近代史上感动中国最美女性之一。她不愧为伟大的爱国主义者、妇女运动的先驱者、卓越的民主革命家、德艺双馨的杰出美术家。

何香凝先生情系中华，情系故土。曾以“棉村女士”署名作画，尽管她家祖屋只留下遗址，1958年秋，年届80岁高龄的她，仍然踏足故乡的土地，在距棉村数里之内的原东滘镇大花园视察，称赞故里是岭南花卉之乡。

棉村，人杰地灵，以高大挺拔的木棉树著称，而木棉被誉为南国的英雄树，铁骨铮铮，不畏严寒。早春二月，繁花怒放，映红半边天。这正是“棉村女士”何香凝先生的高尚品格的写照。如今，何香凝故乡人民正按照荔湾区委、区政府争当城市转型标兵、岭南特色窗口、民生幸福典范的决策部署，立足中南实际，抢抓发展机遇，以推进重点项目建设为抓手，以擦亮香凝文化品牌为引领，以构建自然生态环境为特色，

以创新社会工作为目标，以强化社区党建为根本，走新型城市化发展道路，努力实现街域经济可持续发展、特色文化建设、区域环境优化和社会服务管理转型升级，建设“活力文化，生态乐居”中南。

为进一步弘扬香凝精神，传播香凝文化，我们支持《何香凝故事》的写作、出版和发行。承作者好意，要我们这一对拍档写点什么，只好恭敬不如从命了。寥寥数言，谨表对何香凝先生无限的景仰之情，同时也对《何香凝故事》作者的辛勤耕耘致以诚挚的谢意。

黄小伟　黄荣元

2013年8月

（黄小伟，中共广州市荔湾区中南街工作委员会书记；黄荣元，广州市荔湾区中南街道办事处主任）

后　记

方文良（以下简称“方”）：去年，《廖仲恺故事》出版发行后，在仲恺故乡惠州市举行了首发式。惠州市仲恺区关工委向区内基层单位、社区、学校赠书5000册，为宣传仲恺功业，弘扬仲恺精神做了一件有意义的实事。

余德富（以下简称“余”）：有读者向我提议写《廖仲恺故事》的“夫妻篇”　《何香凝故事》。但也有研究何香凝的专家学者对我说，“她革命生涯漫长，经历过不少重大历史事件，波澜壮阔，人物众多，要写好《何香凝故事》比较难。当然，你可以按照自己的思路写”。我想，“世上无难事，只要肯攀登！”　便找“老拍档”方文良商量写作方案。他对谋篇布局、写作方法出了很好的主意。2012年10月便开始试笔，写出头几章初稿。随后，我赴美加探亲50余天，舟车劳累，老眼昏花，也的确感到写《何香凝故事》比写《廖仲恺故事》困难，便对方文良说，还能不能继续写下去？

方：我也理解写作的难度，以文学故事形式概述何香凝漫长的革命生涯，又要区别专家学者写过的传记，更要考虑适合非史学研究的广大读者，特别是年少年读者的阅读兴趣和品味，就显得更难了。更纠结的是，余老师动过心脏手术，七十多岁的他不懂按键盘，天天拿着放大镜查史料，爬格子，多么伤神啊！但一想到《廖仲恺故事》读者的嘱托，想到余老师的心血不能半途而废，我还是表明我的态度，便对他说：开弓没有回头箭！慢一点也不要紧，坚持把《何香凝故事》写下去吧！

余：好一句“开弓没有回头箭”！令我取消了打退堂鼓的念头。2013年元旦过后，当何香凝故乡中共广州市荔湾区中南街党工委书记黄小伟、中南街道办事主任黄荣元知道我和方文良合作《何香凝故事》时，率先表示大力支持写作出版，并列入何香凝故乡精神文明建设计划。今年又是何香凝先生诞辰135周年。年初，广州市妇联、广州市精神文明办、广州日报等单位组织100万广州市民投票，评选出何香凝为“感动广州60年最美女性”十大人物之首。年中，荔湾区教育局、中南街、仲恺农业工程学院等单位又分别举行纪念何香凝诞辰座谈会、“香凝杯”学生现场书画大赛等系列活动。这一切都鼓舞着我坚持把《何香凝故事》写下去。

方：何香凝是我们惠州人的好媳妇。早在2005年，惠州市就成立了廖仲恺何香凝研究会。惠州学院成晓军教授为会长，余德富老师为顾问之一，我是副会长之一。写《何香凝故事》我们责无旁贷。我们的写作计划受到惠州市廖仲恺何香凝研究会等单位的大力支持。民革惠州市委员会也对我们写作该选题表示大力支持，并计划把成书的《何香凝故事》列为民革党史教育和培训民革干部的教材之一。

余：何香凝是民革重要创始人和民革中央第二任主席。现任民革中央副主席修福金同志敬仰何香凝，为《何香凝故事》封面题签和写下“高山仰止香凝魂”贺词。民革广东省委会对写作《何香凝故事》也给予重视与支持。在6月一次主委会议上作出购书赠送民革党员的决定。我所在的仲恺农业工程学院党委宣传部、关心下一代工作委员会，以及文化产业规划与研发中心，都支持我的写作。廖何亲属许锡挥教授、何穗女士等，还主动向我提供“活材料”。这一切，表明一个共同的心声：一代女杰何香凝，万民同仰。值得大书特书。

方：余老师的写作激情来了。据我称之为“家姐”的方绮华（即余老师夫人）透露，余老师起早摸黑查史料，边吃药，边写作，满怀激情地把十多万字的草稿写出来，旋即于今年5月初亲自到惠州交到我手中，并与我进一步商榷如何修改成文。但当时我正忙于主编一本地方性文学刊物，直至7月初我忙完，才把《何香凝故事》草稿摆上案头。

余：我交给方文良的草稿犹如采购员买回的一筐肉菜，往厨房一搁，就往北欧、俄罗斯闲游散荡去了。我对方说：“你是厨师，这些肉菜，如何洗切、配料、烹调全靠你了。”的确如此。方文良面对我采购的肉菜（草稿），经过细心的鉴别，取舍，去粗存精，洗洗切切（有的章节推倒重来，有的反复修改），配料烹调（文学润饰，直至定稿打印校对），终于端出一碟色香味俱全的佳肴。我对他说：你是主厨，应该是第一作者。他再三推辞谦让。我说：“我与你合作过《廖仲恺遇难记》、《廖仲恺故事》，你费心出力最多，却都署我为第一作者。如今《何香凝故事》你是第一作者，不能再推辞了。”

方：我们都是六七十岁的退休人员，不为评职称，不为求名利，只想老有所为，老有所乐，为社会做点实事，作者排名无关紧要。我和余老师合作宣传廖仲恺何香凝的光辉业绩，伟大思想，从中获得精神的支柱，舍此无他，何乐不为？

余、方：在书稿即将付印之际，我们诚挚感谢对《何香凝故事》选题写作支持协助单位；诚挚感谢为《何香凝故事》封面题签，写序和跋的领导同志修福金、骆少明、李希、李黎、黄小伟、黄荣元；诚挚感谢为我们提供史料的资深专家尚明轩研究员、许锡挥教授、蒙光励副研究员和何香凝侄曾孙何穗女士，以及从不同角度不同方式支持我们的王明星教授、唐明勇教授、张钜焕副研究员、尚华教授、张璧副教授和余敏